"八百壮士"今何在

我们时代的哈工大

陈聪——— 著

天津出版传媒集团

天津人民出版社

图书在版编目（CIP）数据

"八百壮士"今何在：我们时代的哈工大 / 陈聪著
. -- 天津：天津人民出版社，2024.4
　　ISBN 978-7-201-20373-7

　　Ⅰ．①八… Ⅱ．①陈… Ⅲ．①哈尔滨工业大学－校友－事迹 Ⅳ．①K820.7

中国国家版本馆CIP数据核字（2024）第065498号

"八百壮士"今何在：我们时代的哈工大
"BABAI ZHUANGSHI" JIN HE ZAI: WOMEN SHIDAI DE HAGONGDA

出　　版	天津人民出版社
出 版 人	刘锦泉
地　　址	天津市和平区西康路35号康岳大厦
邮政编码	300051
网购电话	（022）23332469
电子信箱	reader@tjrmcbs.com
责任编辑	郑　玥　王佳欢
封面设计	豆安国
印　　刷	北京中科印刷有限公司
经　　销	新华书店
开　　本	710毫米×1000毫米　1/16
印　　张	16
字　　数	210千字
版次印次	2024年4月第1版　2024年4月第1次印刷
定　　价	68.00元

版权所有　侵权必究
图书如出现印装质量问题，请致电联系调换（022-23332469）

序 章

哈工大"八百壮士"意味着什么？

在不停转动的历史巨轮下，作为个体存在的人很容易显得渺小而无力。在四季倏忽的更替中，刹那之间擦出的记忆火花很容易湮灭至默默无闻。但当我们在历史的行经处抬头仰望，便可以发现，在科学群星闪耀的苍穹中，一些个体的存在转化为"精神的生命"，无声地诉说着一种名为永恒的缘起。

先让我们看一张2023年的成绩单：

新增院士2人、国家级人才105人，荣获国家级教学成果奖12项，本科生生源质量跻身全国前十，学生竞赛成绩摘取"四连冠"。全国重点实验室集群初具规模，"天宫机械臂"精准发力，"地面空间站"领跑全球，"龙江三号"支撑卫星"太空织网"，一批原创性成果引领前沿，一批关键核心技术支撑重大工程……

取得这些成绩的高校，正是已有百余年历史的哈尔滨工业大学。

对一段历史的深刻理解，需要追根溯源。回溯哈工大一路前行的足迹，人们不禁有一个疑问："工程师的摇篮"其基因从何而来？

哈尔滨市南岗区公司街59号有一座老建筑，推开它的拱形门，质朴厚重的气息扑面而来，这就是哈尔滨工业大学博物馆，一处历史与现实的交汇点。

隔着展柜玻璃橱窗，一本本尘封了半个多世纪的教学笔记、课堂笔记格外引人注目。有的纸张微微泛黄，有的笔墨早已褪色，但字迹工整、清晰可辨，其中不乏后来成为学界泰斗的俞大光、潘际銮、王光远、吴从炘等哈工大学子的笔记。

从新中国成立后按照党中央要求"培养工程师和理工学院师资"，到"培养工业建设技术人才和尖端科学技术人才"，再到新时代在党的领导下培养更多杰出人才、打造更多国之重器，"扎根东北、爱国奉献、艰苦创业"的精神内核始终贯穿哈工大的发展历程。

20世纪50年代，800多名青年师生响应国家号召，从祖国各地齐聚这里。短短十余年，他们创办了24个新专业，为我国快速发展的高等教育及国家工业化建设作出了突出贡献。这支平均年龄只有27.5岁的教师队伍，被称为哈工大"八百壮士"。

走近这一群富有传奇色彩的丰碑式人物，我们不难生出这样的感受：在民族危亡时代成长起来的"八百壮士"，他们留存着同样的时代记忆。

当黄文虎于1945年踏入浙江大学攻读电机专业时，周长源正好在浙江省立杭州高级中学就读高中，而此时的他们正要经历解放战争的全过程；当黄文虎在祠堂庙宇里点着桐油灯坚持中学学业时，王光远正向着一所设在甘肃天水大庙里的国立中学进发。同样艰苦卓绝的学习环境，同样孜孜以求的真理光芒……

如今，在"八百壮士"精神的感召下，科研报国的基因融入一代代哈工大人的血液之中。秉承着"规格严格，功夫到家"的校训传统，"大师+团队"的培养模式逐渐形成，一批高水平创新团队先后诞生。

"其作始也简，其将毕也必巨。"2020年6月7日，哈工大迎来了100岁生日，在建校百年当天，哈工大收到了习近平总书记发来的贺信。贺信指出:"新中国成立以来,在党的领导下,学校扎根东北、爱国奉献、艰苦创业,打造了一大批国之重器,培养了一大批杰出人才,为党和人民作出了重要贡献。"

当我们再一次走进哈工大博物馆、再一次翻阅哈工大的校史,"八百壮士"奔赴"工程师的摇篮"的过往记忆,以文字和图片的形式转化为掷地有声的历史。

过往的时代,是个怎样的时代呢?

贫穷、艰苦、列强的爪牙、弥漫的血泪,却有无数爱国知识分子挺身而出,为了理想和信仰燃烧着青春和热血。

对于如今的哈工大人来说,"八百壮士"究竟意味着什么?

以一个旁观者的浅薄观感来说,它或许意味着我们心中的希望、远方的梦想和我们脚下的这条路。哈工大把青春奉献给了祖国广袤的土地,"八百壮士"把青春奉献给了"教育救国""科学报国"的峥嵘岁月——

而当下,我们正在沿着"八百壮士"的足迹前行。

目 录

第一章　1950 年："铁将军"与他的十四行诗　/ 001

　　1. 1950 年的历史分野　/ 003

　　2. 从"两个规格"到"一条铁律"　/ 009

　　3. 课是"老虎课"，人是"铁将军"　/ 013

　　4. "四大名捕"震校园　/ 016

第二章　北上："八百壮士"的崛起　/ 019

　　1. 强风吹着我向你跑来　/ 021

　　2. 头戴铝制降压器的"八百壮士"领军人　/ 028

　　3. 第一个"黄金时代"淬炼出的"晶核"　/ 031

　　4. 迎风搏浪，不落征帆　/ 033

　　5. 一张又一张运算的稿纸，飞舞在天空，
　　　 铺满了大地　/ 036

　　6. 一场英语考试与一个春天的到来　/ 044

第三章　底色:"手中有个纽扣,就想着如何为国家做件大衣" / 047

　　1. 迈向闪烁着真理光芒殿堂的必经之路　/ 049

　　2. 苦难的童年使他淳朴的心向着光明的
　　　　方向,做着后来人的先导　/ 055

　　3. 每一次选择都是初心使然　/ 061

　　4. 不忍卒读的历史一页　/ 069

　　5. 且以长歌赴此生　/ 078

　　6. 为了这一天,他们走过了半个世纪　/ 081

第四章　一新:置身大地,决战星海 / 089

　　1. "哈工大星"背后的历史星空　/ 091

　　2. 月表采样背后一个甲子的风云激荡　/ 099

　　3. 从第一颗由高校牵头自主研制的
　　　　小卫星看团队科研模式创新　/ 108

　　4. 中国人工智能:开端在哈工大　/ 115

　　5. 坐稳"冷板凳",然后迎向光芒　/ 120

　　6. 啃下"硬骨头",瞄准下一个目标　/ 133

　　7. 创新之树常青　/ 136

第五章　功夫:绚烂之极归于平淡 / 143

　　1. 为学:我的成果将可能使我这个普通的
　　　　生命生辉,以至永恒　/ 145

　　2. 为事:用极致的敬业与极强的信念,

2

洞见未来发展的方向　/ 151

　　3. 为人：有风自南，翼彼新苗　/ 156

　　4. 承前启后、继往开来：穿越"八百壮士"的精神长河　/ 167

第六章　风华：走出高质量内涵式发展之路　/ 173

　　1. 从世纪之交到建校百年　/ 175

　　2. 抵达梦想的彼端　/ 182

　　3. 在浩如烟海的科学殿堂里寻找适合自己的那朵浪花　/ 188

　　4. "八百壮士"今何在？　/ 194

第七章　回响：我们时代的"八百壮士"　/ 197

　　1. 最后一排的学生，都能感受到数学殿堂在召唤　/ 199

　　2. 走进课堂，打开人生99%的可能性　/ 207

　　3. 我们时代的"八百壮士"　/ 211

第八章　归宿：暖廊花开，当如你所愿　/ 217

　　1. "理想大学的模样"　/ 219

　　2. 今日之哈工大人：创造属于20岁的奇迹　/ 224

　　3. 今日之哈工大：成为闪耀独特光芒的自己　/ 230

尾声　历史的自觉　/ 235

主要参考文献　/ 239

后记　回归我们生命中的母题　/ 243

第一章

1950年:"铁将军"与他的十四行诗

在时代裂变之际个人能动性的发挥,往往能映照出最本真的初心。

想象一列从南方穿越山丘与沟壑的北上的火车，从上海到北京，继而到沈阳、长春，最后停驻在哈尔滨。像抗日战争时期革命青年投奔圣地延安一样，一群青年来到遥远的北国，奔赴"工程师的摇篮"。自此以后，循着这一群青年的理想主义的光芒，一代又一代青年被吸引到这条北上之路上来。

　　从唯物史观的角度看，任何历史现象的出现都不是孤立的个案，而是社会存在的产物，是时代精神的折射。从当下的视角回溯，哈工大的"八百壮士"不约而同的选择，造就了属于一所高校的"黄金时代"的历史。他们互不相识，却殊途同归；没有相约，却汇聚一堂。

1 1950年的历史分野

位于哈尔滨市南岗区公司街59号的哈尔滨工业大学博物馆,曾经是哈尔滨工业大学的旧址。这座始建于1906年的新艺术运动建筑风格的旧校舍是中东铁路建成后的副产品,也是列强铁爪企图伸向中国腹地扩张势力范围的岁月见证。

一条街以外,中东铁路管理局大楼旧址至今矗立,然而如今它已是哈尔滨铁路局的办公场所。从中东铁路到人民铁路,并不是简单地承继,而是历史沧桑与人间正道的必然归宿。

哈工大博物馆的很多藏品背后,都有孤高而冷峻的学术故事,静静地等待着历史之门的开启。也许就是在一张张黑白照片拍下的那一瞬间,历史就泾渭分明地呈现出过去和未来的分野。在二楼的一个展柜里,一本泛黄的笔记本摊开来,一行行工整的公式透着一种十四行诗般的美感。这本教学笔记在被用作全国高等学校的教材以后,有了一个新的名字——《电工基础》。

我们的故事,便从这本教学笔记的主人——中国工程院院士、新中国电工基础教学创始人之一俞大光开始讲起。

早在新中国成立之初,俞大光在哈工大的执教生涯便与中华民族的命运紧紧地联系在一起。那个时候,在"铁将军"的名号尚未出世时,哈工大"八百壮士"的先声便已经开始萌芽。

新中国成立后,两件事情的发生,使1950年成为俞大光命运的转折点。

当时，党和政府十分关心高等教育事业的改革与发展，在接收旧高校的同时，提出要学习苏联经验，全面改革教育、教学工作。1950年，时任武汉大学电机系讲师的俞大光，被学校派往哈尔滨工业大学研究班学习。

与此同时，在这一年的6月7日，中共中央电告东北局，"中长路^①已决定将哈工大交给中国政府管理"，并确定了哈工大的办学方针。这一事件是哈工大回到新中国的怀抱并进入全面改造和扩建阶段的重要标志。后来，6月7日被定为哈工大的建校纪念日。

站在命运交叉口的俞大光和来到研究班的各位同学并不知道这次学习意味着什么。他们只知道，进修目的很明确，他们是作为新中国的教师来培训的，因此这一进修班的确切名称为"师资研究班"。

来到哈工大，俞大光首先要过的就是俄语语言关。按照哈工大的教学计划，师资研究班的学生们要用一年多的时间，达到基本上能听、说、读、写的"四会"要求，并掌握适量的专业词汇，此后还要学习专业俄语，在这之后，才能听懂苏联专家讲授专业知识。

29岁的俞大光感觉自己成了文盲——俄语老师全都是苏联侨民，学校内部的日常生活用语是俄语，室外挂的牌子标识也只有俄语名称，因此不会俄语的进修生们，连上厕所都找不到地方。令俞大光印象深刻的是，哈工大校外有一个秋林公司，是师生们购物的主要去处，但那里的售货员只说俄语，商品的标签上也只书写着俄文。

种种遭遇让俞大光和同学们痛下决心，要尽快学会日常俄语。到了第二学年，按系分班后，被分到电机系的俞大光和同学们每人借到一套影印的苏联教材《电工基础》作为专业教材。按照苏联专家的要求，俞大光的任务是和另外四名进修生一起，精读借到的苏联教材，并合作将其译为汉语以资出

---

① 中长路，即中国长春铁路。1945年8月，抗日战争胜利，苏军驻扎中国东北，中东铁路改称中国长春铁路，由中苏共管。

版，并向全国推广。

接到这一任务后，俞大光和同学们已经预见到，这部教材的汉译本很可能被审定出版，然后推荐给全国高校，影响面很大，因此必须确保精读和翻译质量。

经过商讨，几人定下了规矩：除执笔翻译者自行校对以外，还应由两人各自进行一遍校阅：第一遍是俄语校阅，旨在审校译文有无偏离原文文意之处；第二遍是汉语校阅，旨在审校译文是否汉语化且流畅易读。在这两遍审校之后，再由原译者考虑取舍，必要的研讨需及时提出，由几人共同讨论、协商定稿。

在俞大光研修期间，等待他去完成的不仅仅是编译教材这一项任务。新中国成立伊始，急需大量技术人才，高等教育部通知哈工大开办电机、机械和土木三个专修科，学制为两年。由于学制短，只能用汉语教学。尚在研究班学习的俞大光被任命为电工教研室代理主任，并承担了"理论电工""普通电工""电工计量"三门课程的教学任务。

一边翻译、一边学习、一边讲授，就这样，《电工基础》这套译著的上、下册交由龙门书局分别在1952年、1953年出版。这是国内最早出版的电工基础理论翻译教材，对促进高校学习苏联经验起了积极作用。

1953年，正式调入哈工大的俞大光担任起电工基础教研室主任一职，开始了对电工基础课程的全面改革和建设。当时，各高校采用苏联教材进行教学后，师生普遍反映教学内容过多、学生负担过重、消化不良、难以保证教学质量。俞大光了解到这一情况后，结合自己的教学体会，起草了《电工基础教学大纲》。

此后，这一教学大纲在全国范围被推广应用，见证着新中国教育事业向前发展的足迹。

1954年，教育部召开全国高等工业学校基础课程和各专业共同的基础技术课程教学改革经验交流会，俞大光应邀在会上介绍了哈工大电工基础教研室在课程改革和建设方面的做法和经验。会议还讨论了由他起草的《电工基础教学大纲（初稿）》。1956年，教育部在沈阳市召开第二次教学经验交流会，并对《电工基础教学大纲》再次进行讨论。

此后不久，《电工基础教学大纲》以"高等工业学校教学大纲座谈会"的名义，由高等教育出版社正式出版，推荐给各高等学校使用。紧接着，高等教育出版社请俞大光编写电工基础教材，并请中国科学院院士黄宏嘉和江泽佳教授担任审稿人。

1958年至1961年，俞大光编的《电工基础》上、中、下三册正式出版。这是我国学习苏联经验后出版的第一套自编电工基础教材，俞大光也成为新中国电工基础教学创始人之一。这套书被高等教育出版社评价为"国内影响最大的电工基础教材，为培养和造就我国电工、电子技术人才作出了重大贡献"。

然而，对俞大光来说，《电工基础》出版的前后几年时间，正是他人生中的一段艰苦岁月。1959年至1961年，三年自然灾害把"饥饿"二字刻在了很多中国人的记忆里。在哈工大，由于环境艰苦、食物短缺，教师每人每月仅有二十七斤的粮食定量，食用油每月只有五两。在如此困难的生活条件下，俞大光工作的繁重程度却比过去有过之而无不及，但编写标准绝不降低。编写教材尤其需要字斟句酌，三本书写下来足有八十多万字。

在教材写作过程中，俞大光先把教材初稿写完，形成讲义，在自己授课的班级试用。在试用过程中，他发现此前翻译的苏联教材中有许多问题，比如，一些不必要的微观理论，其中有些连俞大光的导师都解决不了，在工程方面没必要对其研究过深。此外，原来教材中的句子都非常长，给翻译和讲解带来很多不便。经过教学实践后，讲义再经过研究、讨论和修改，教材最终定稿。这套教材虽然由俞大光一人编写，但也汇入了教研室的集体智慧。当然，在此期间俞大光加班熬夜是常事。

在温饱难以解决的艰苦条件下，如此拼命地工作，无疑对俞大光的身体

第一章
1950年:"铁将军"与他的十四行诗

哈工大学生使用过的《电工基础》等教材

健康造成了很大伤害。1961年,一方面因为缺乏营养,另一方面也由于过度劳累,俞大光的身体开始出现浮肿,同时伴有肝脏肿大的现象。当时学校怀疑他得了肝炎,就停止了他的工作,让他安心接受治疗。

从1961年5月开始到暑假结束前,在三个多月的时间内,因为有了较好的休息,加上营养状况显著改善,俞大光的身体恢复了健康。除了这三个多月的时间以外,俞大光始终坚守在教学岗位的第一线。

哈尔滨工业大学原副校长周长源回忆俞大光编写《电工基础》的情景:"整部书稿几乎完全是默写出来的,包括烦琐复杂的数学推导。"

但俞大光解释说没有那么夸张:"我在哈工大一直教课,每节课都要打字写讲义。一遍讲义、一遍讨论后的教学大纲,反反复复,所以心里都有数了。"

原则:

1. 等位线与电力线必须互相垂直
2. 每两相邻的等位线之间的电位差都相同
3. 每两相邻电力线之间在单位垂向长度内的通量相同根据2及3……

一页页工整的讲义,先在课堂上讲授,再转化为各大高校的教材。就在俞大光边翻译、边学习、边讲授的过程中,"规格严格,功夫到家"的哈工大校训,也在哈工大的教学实践中逐步形成。提出这一要求的是时任校长李昌。

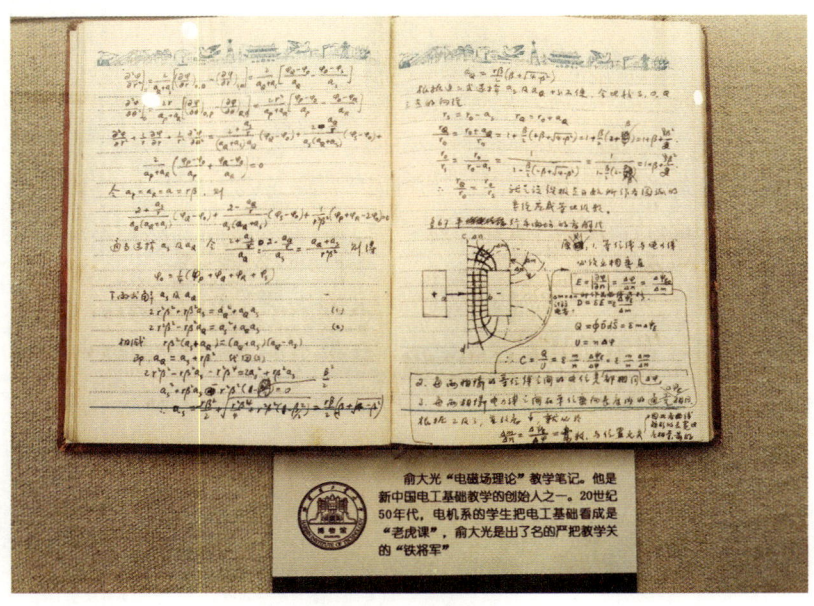

俞大光"电磁场理论"教学笔记

2 从"两个规格"到"一条铁律"

20世纪50年代，从招生到招聘教师，从专业设置到教学方法，新中国成立之初的高等教学工作并没有太多经验可循。包括哈工大在内的中国各高校，都在探索一条适合自身发展的教学工作路径。

1953年，一批工农速成中学学员进入哈工大预科学习俄文，并于1954年升入本科学习。按照苏式教学大纲，学生考试过了笔试、实验课这两关以后，还有口试一关，这就要求学生不但要具备较强的学习综合能力、思维反应能力，还要有较好的表达能力。毕业生按照教学计划规定进行所有考试、测验，及格后，还须进行国家考试委员会的论文答辩，及格才能毕业并取得毕业证书。往往一个学期下来，期末考试会出现大量不及格的现象。

在一次座谈会上，有教师和学员代表针对这一现象提出：哈工大是不是可以有两个规格，对工农速成中学学员是否可以考虑降低培养标准。面对这个问题，李昌等人经过深思熟虑，作出了影响深远的政策抉择，明确提出"规格严格，功夫到家"这一指导原则。

李昌强调，"规格（要）严格，功夫（要）到家"，哈工大有而且只能有一个"规格"。他的态度十分明确：哈工大绝不能为国家培养一个不合格的人才！《哈尔滨工业大学章程》还规定：考试三门不及格的勒令退学，即使高干子弟也不予通融。

但李昌也明白，出现考试不及格现象的原因是多方面的，尤其是从部队、农村来的学生，因为学习基础差，再努力学习也跟不上。如果把他们"赶出"校门，将造成他们个人、家庭甚至社会的不幸。

20世纪50年代的世界轻量级举重冠军黄强辉，就有过一段这样的

经历。

1952年，黄强辉从印度尼西亚回到祖国，进入哈工大机械系学习。由于酷爱举重运动，黄强辉同年开始举重训练，但学习成绩一般。到了大三，他有几门课考试不及格，按照学校的规定，必须退学。黄强辉流着泪说，如果被退学了，还有什么脸面到国外去见家里的亲人？

学校研究认为，黄强辉作为一名爱国华侨，应当予以关怀重视，但他的学习没有达到合格标准，必须按学校的规定处理。考虑到他一贯表现很好，而且又有一技之长，可以把他安排到适合个人特长发挥的岗位上。李昌亲自出面与国家体育运动委员会联系，推荐黄强辉前去接受专业训练，黄强辉于是走上了竞技体育之路。1958年4月8日，他以155公斤的成绩打破世界轻量级挺举纪录，夺得了世界冠军，成为体育界冉冉升起的新星。

还有一位特殊的校友，也因哈工大"规格严格，功夫到家"的校训而受益，他就是"县委书记的榜样"焦裕禄。

据1954年11月2日的《哈尔滨工业大学校报》记载，20世纪50年代初，国家决定创办工农速成中学，招收优秀的工农干部及工人，施以中等程度的文化教育，使其能升入高等学校继续深造，为新中国培养高级建设人才。按照教学安排，他们先要在哈工大附属工农中学学习，用很短时间突击完成中学课程，达到高中文化程度后，才能到哈工大学习大学课程。学校为他们制订了专门的学习计划，特派教师进行辅导。

1953年6月，焦裕禄到洛阳矿山机器厂工作。1954年8月，焦裕禄一行五人作为工业农业战线抽调的干部，到哈工大工农中学班学习。当时，焦裕禄只有小学文化，学习起来非常吃力。第一次考试，焦裕禄等五人全都没有过关，大批工农学生不及格。眼看他们面临退学，有人提议应降低考核标准，但李昌校长提出，要用同一个标准要求本科和工农班学员。学校从教和学两个方面开展工作，帮助学员达到人才培养的规格和目标。

在这期间，焦裕禄每天除了睡觉，就是学习。他白天上课，晚上自学，即使宿舍熄灯了，也要在烛光下钻研，还经常夹着作业本跑到全日制在校生宿舍去请教。半年后，焦裕禄顺利完成了速成班的学习任务，达到高中文化程度。学校随即将安排他和同事转入本科学习。

可就在这时，洛阳矿山机器厂的投产时间提前了，焦裕禄突然接到回厂上班的通知。不久，焦裕禄回到洛阳。"尽管父亲在哈工大求学的时间不长，只有六个多月，但学校对工程人才的培养模式，以及科学求实的精神态度、精益求精的作风一直影响着他。"焦裕禄二女儿焦守云说。

在明确"规格严格，功夫到家"的标准后，哈工大教师队伍对教学工作作了调整和改进，学风焕然一新。

据1955年9月新华社播发的报道记载："1954年2月考试时，学生中获得优良成绩的人次占71.1%，不及格的占7.6%，今年7月考试时，获得优良成绩的提高到78.6%，不及格的降低到3.5%，并出现了许多优秀班，这些优秀班完全消灭了不及格现象。"

后来，"规格严格，功夫到家"逐渐成为哈工大培养人才的准则，要求一方面有严格的规格，从严治学、从严治教，保证人才培养的高水平；另一方面要尽心尽力、下功夫培养学生，力求高成才率（而不是高淘汰率），保证毕业生质量。

这一出发点与西南联大对教学质量的严格把关和教学过程的高淘汰率有相似之处，却也不尽相同。西南联大三位校长之一、清华大学原校长梅贻琦之子、水力机械专家梅祖彦教授回忆："西南联大有个规定，你课程不及格，不得补考，必须重修。不及格的分数达到多少，就要除名。你必须学到一百三十二个学分才能毕业。"[1] 据统计，1938年至1946年间，先后在西南联大就读的学生约八千人，然而最后拿到西南联大文凭的毕业生只有两千余人。

---

[1] 张曼菱：《西南联大行思录（增订版）》，生活·读书·新知三联书店2019年版，第270页。

哈工大校训石

凭借着"规格严格，功夫到家"的铁律，以及由此派生出的"铁将军把关"的标准，哈工大紧紧把住"入学关""升级关"和"毕业关"，在短时间内培养出一批理论基础扎实、工程实践能力强的高级专门技术人才。

由于"规格严格，功夫到家"这一指导原则深入人心，其影响范围不断扩展，内涵也有所变化。许多师生都把它当作自我鞭策的警示，成为一种追求与约束；许多党政工作人员也逐渐把这一原则当作工作的准绳。

正如哈尔滨工业大学党委书记熊四皓所说："半个多世纪以来，'规格严格，功夫到家'这句围绕教学和人才培养工作提出的口号逐渐演变为对全体师生员工、对全校各项工作的普遍要求，并被不断赋予新的时代内涵，成为哈工大校训。"

3 课是"老虎课"，人是"铁将军"

前文说到，哈工大"规格严格，功夫到家"的校训派生出的是"铁将军把关"的标准。

几十年后，1995年俞大光回哈工大探望故旧，午餐会上有名以前的学生站起来敬酒："俞老师，我在哈工大记分册上唯一一个三分，是您给的。因为口试时说错了一个概念。"

这名学生回忆说，这个"三分"是因为在那次口试时，有一个概念自己给弄错了。俞大光在评分时，把这名学生的记分册翻了好久，要不是他的其他课程都得了满分五分，俞大光很可能会给他不及格！但是这次挫折对这名学生的教训非常深刻，让他进一步认识到自己应该秉持怎样的学风。

这名学生就是今日哈工大电测专业的博士生导师赵新民，"三分"教训令他毕生受益。"多亏当年老师的严格要求，才能够使我打下扎实的理论基础。"赵新民说。

当年，哈工大对考试十分重视，考期长达一个月，考试成绩以五分计分。每门主课在考试前还要进行考查，面对面地检查每个学生平时作业的完成情况和实验操作能力，只有考查通过后才能参加考试。对于这个考查环节，俞大光也十分重视。他认为，考查环节可以把学生平时学习中的漏洞给挖出来，加以补救，从而减少考试不及格的人数。

严格在俞大光身上体现得淋漓尽致。他的学生回忆说，俞大光的《电工基础》课把关太严，学生几乎都不可能一次性通过，他也因此获得了"铁将军"的外号。说起"铁将军"，就不得不说《电工基础》这门课程。由于这门课的概念、定律和方法较多，数理基础欠佳的学生难以切实理解，往往由于一些基本概念没有搞清楚而无法通过考试。因此，学生们把这门基础技术课程称为"老虎课"。

曾任哈工大党委副书记的强金龙在一篇回忆文章里说到他印象深刻的哈工大教学上"规格严格"的往事。

在强金龙就读哈工大时，他所能感受到的，正是严格的教学要求和教学管理制度。特别是在考试方面，大多数老师都是铁面无私，这就是"铁将军把关"。尤其是在电机系学习《电工基础》这一门基础技术课时，每位教师都能严格把住考试关。

强金龙回忆说："我班有一名同学，因平时不重视电工实验，第一次考查未通过，后来竟一连考查了8次，才勉强通过。我班班长平时电工学习非常好，还经常辅导学习较费劲的同学，他在一次电工考试时，笔试全部答对，由于疏忽，忘了在复数电流方程式中大写字母 I 上点个'·'。口试时老师过问三遍，但他都说方程式未写错，老师当时就在他的记分册上签上'不及格'。事后，一些应试同学都非常害怕电工考试，电工老师'铁将军把关'的事迹就传了开来。"①

面对当时有的学生无法通过考试的情况，俞大光主张只能加强对学习困难学生的课外辅导，但绝不能对困难学生放松课程的基本要求。

采取加强课外辅导并开设工农学生特别辅导班等措施后，情况似乎有所好转，但又受到一连串政治运动的影响，因而收效不佳。但即使受到"批评"，俞大光始终坚持"规格严格"的标准。

课是"老虎课"，人是"铁将军"，对于这些外号，俞大光都欣然领受——这顶帽子的寓意应该是敢闯敢为、铁面无私。回顾检查自己，"还有距离呐，还应该加倍努力"。他幽默地说："我很愿意接受这顶桂冠，教而

---

① 周素珍主编：《报春晖——校友的回忆与畅想》，哈尔滨工业大学出版社2000年版，第121页。

不严师之惰嘛,在教学工作中岂能丧失原则、误人子弟?"

大部分毕业生也认为,在校期间《电工基础》学得比较牢固,终身受益。周长源就曾回忆说,他出去做毕业生调查时,就屡屡见到哈工大的毕业生们把《电工基础》放在工作室的抽屉里,以便碰到问题好随时拿出来翻一翻,得到一些启发。

曾在哈工大任教的陶棣回忆在哈工大"南迁"前航空航天系的教学情况时说:"由于哈工大基础理论课师资力量较强,航空航天系的专业教师大都是1950年前后的大学毕业生,有较好的理论基础和一定的教学经验,并真正按照'规格严格,功夫到家'的要求,对学生严格把关、严格要求,所以航空航天系的学生入学时虽都是比较优秀的,但仍有一定的淘汰率(几届学生中途被淘汰近40名),毕业生的素质较高。"

1954届毕业生、中国工程院院士徐滨士回忆说:"哈工大要求严格……这种严格要求,增强了我的适应能力和独立工作的能力。"

毕业于哈工大航天工程与力学系的"天宫二号"总设计师朱枞鹏回忆说,读研究生时,自己的研究领域在国内尚属空白,国内外可参考的教材非常少。他的导师、哈工大"八百壮士"之一刘暾便将编好的讲义用钢板刻印蜡纸,油印后一张张装订成册。撰写毕业论文阶段,刘老师要求论文全部手写,于是在大半年的时间里,他把两百多页的论文一遍遍修订、改写……正是当年经受的"磨炼",为朱枞鹏日后从事航天事业践行严、慎、细、实的工作标准奠定了扎实基础。

"规格严格"的背后,是一个个刚毅而卓越的身影,用他们的言行举止,让哈工大的历史沿着充满光辉和智慧的方向前进。

4 "四大名捕"震校园

"铁将军"绝非哈工大"规格严格"的孤例，在如今的哈工大校园，仍然流传着"四大名捕"的传说。

在20世纪八九十年代，武侠小说和电视剧《四大名捕》风靡一时，威震江湖的哈工大"四大名捕"也在那时横空出世。数学学院教授王勇不仅名列其中，而且还被誉为"首席名捕"。

学生们记忆中的王勇，在开学第一课中就展现出"神捕"的强大"功力"："今天咱们就约法三章，我自己的课，首先我不能迟到一秒钟、早退一秒钟，如果我迟到哪怕一秒钟，你们也可以把我轰出去！同样，你们也不许迟到、早退，要注意听讲。"

"首席名捕"的名号就在年复一年的"约法三章"中传开了。

"我认为这是学生对老师的尊称，也是对我工作的承认。"作为1977年恢复高考后的首批学生，王勇的本科、硕士、博士均就读于哈工大，在这里学习工作已有四十多个年头。说起"四大名捕"的头衔，王勇认为，这并非苛求或者为难，而是作为一名教师的本分。"作为一名教师，首先要育人。育人，首先要严格要求自己，也就是未正人先正己。"

在数学学院一百多位教职员工中，王勇这位土生土长的哈工大人算得上是一位"元老"。如今，王勇早已是黑龙江省教学名师，曾获宝钢优秀教师奖，负责的课程"概率论与数理统计"获评国家级精品课程，主编的教材《概率论与数理统计》被列为"十一五"国家级规划教材。

对王勇来说，教师是他愿意为之奋斗终身的职业。成为一名教师以来，在吴从炘、曹彬等老教师的熏陶下，王勇懂得了"规格严格，功夫到家"所蕴含的教师应秉持的基本品格。

"我们老师上两节课,他的备课时间可能要用五六小时乃至十小时。也就是说,作为一名教师,要给学生一杯水,首先你得准备一桶水。"王勇说,"规格严格,功夫到家"也深深影响着他自己。数十年如一日,他苦练教学本领,每次备课必定反复推敲,每讲一次课必定做到深思熟虑,同时也要求学生们全神贯注、紧跟课堂。

如此一来,在王勇上课的时候,学生从来没有出现迟到早退的情况。"我的一些学生也和我私下探讨过,他们说,他们也希望有一个严格要求的老师,这样可以督促他们对自己严格要求,学出'功夫到家'的本领。"

王勇"首席名捕"的威名更体现在考试中:差一分两分也是不及格,必须"捕";高抬贵手绝不可能,必须"补"。

给王勇留下深刻印象的有这样一位管理学院的学生。当时,王勇给他的期末成绩是58分,他拿到分数后就找到了王勇。

"老师,我差到哪儿了?能不能高抬贵手?"当时,这名学生觉得,这一分两分的事情,无非是跟老师说说好话,老师稍微通融通融,自己就能顺利躲过一劫。

但令这名学生感到沮丧的是,王勇丝毫不给通融的机会。他给这名学生讲了一个道理:"学生学习的目的不是为了考试,考试只是为了检验你对这门课程的掌握程度,你得了58分,说明你的水平离及格还差一点,我也没有权力给你提高到60分。"

这名学生虽然知道王老师说得有道理,但内心仍然充满绝望。王勇接着说:"假期你随时可以跟我联系,我帮你辅导、帮你逐步提高成绩,开学之后你再补考。"

假期期间,这名学生意识到了没有捷径可走,复习得相当认真。在补考中,他几乎拿到了满分。

后来,这名学生找到王勇,对王勇表达了他的感激之情。而随着这名学生年龄不断增长，他越来越意识到一点："规格严格"的背后，其实是最大的深情。原来，他最大的目标就是毕业以后找一份工作。经历这件事情之后，他的目标发生了很大的转变，他准备继续读研深造。最后，这名学生在哈工大读完了硕士，而他的人生轨迹也就此改变。

每上一门课的时候，王勇都会用一节课的时间讲这门课程的要求，讲步入大学之后如何做人、如何学习。"我们作为一名中华儿女，首先要热爱我们的国家。对我自己来说，我现在有三个家，一个大家就是我们的国家，中家就是我们的学校，小家就是我个人的家庭。作为哈工大人，离不开这三个家。热爱我们的家庭，就是要孝敬父母、尊敬长辈，引申开来，就是要尊敬老师、关心同学、关心他人。"王勇说。

王勇对于教学的严苛要求，是哈工大几代教育工作者教书育人的缩影。在一次期末考试后，哈工大电气学院的老师蒋秀珍从讲评成绩的角度，对学生的各种心态、不良习惯和偏激思维作了全面的剖析和引导。当时，百人的大教室静得连喘气声都听得见。后来，蒋秀珍收到一张卡片，上面写着："您认真的教学态度深深感染了我，您是一位当之无愧的好老师。"在哈工大，教师不仅仅是用言行教书，更是用"心"去教学、去传承哈工大的精神与传统。

让人津津乐道的是，"四大名捕"中除了王勇，其余是哪三位老师，在哈工大校内并无定论。但无论对学生怎样严格要求的"捕手"，其出发点无一例外是把为学、为事、为人统一起来的初心。

"母校的教育就是那句实实在在的话：'规格严格，功夫到家'。"1965届毕业生、探月工程总指挥栾恩杰说："最感谢母校给我们打下了牢固基础，让我们能扎扎实实搞学问，认认真真搞研究。"

第二章

北上:"八百壮士"的崛起

当从南国北上的学生们穿起厚重的棉袍,那浑身的重量迫使他们用更大的努力、更强烈的觉醒去驱散北国的寒意。

设想一下，在新中国成立之初的20世纪50年代，学子们刚刚迈出上海、南京、武汉等南方城市某座学府的大门，准备迎接人生未来的无限可能性。此时，国家发出了"党的需要就是我的志愿，党让到哪儿就到哪儿"的号召。学子们积极响应国家号召，怀着一腔科技报国之心，从气候温暖湿润的南国毅然转身北上，坐了三四天的火车，一脚踏入冰感十足的北国大地。

刚一下火车，强风扑面而来，学子们形成了对哈尔滨的第一印象：真冷！冬天零下三四十摄氏度的严寒，风像刀割一样刮在脸上，主食是从没有见过的窝窝头和高粱米……

然而，全身心地投入工作，让人们体验到了作为一名教育和科技工作者的乐趣，学子们在哈工大的从教生涯，就从此刻开始了。

这是哈工大"八百壮士"故事的开端，也是我们探寻哈工大如何筑牢人才高地绕不开的一环。

1　强风吹着我向你跑来

"壮士",在人们的印象里一般被理解为在战场上以一当十、奋勇杀敌的勇士。"壮士"与大学之间是一种什么关系呢?

在20世纪50年代哈工大改造和扩建初期,学校汇聚了立志为共和国工业化献身的大批青年才俊,培养出平均年龄27.5岁的800多位年轻教师。这支队伍"艰苦创业,硕果累累,打下了哈工大人坚持理想信念的不懈追求,坚持科学精神的高标准严要求,坚持对国家、对事业的高度责任心这些大学精神的深厚底蕴"。这支队伍被李昌亲切地称为"八百壮士"。

在这个名称刚刚被叫响的时候,还有一个别称——"八百子弟兵",它蕴含着听党话、跟党走,英勇作战的意味。黄文虎在他的一篇回忆文章中对"八百壮士"的起源进一步解释说:"这一批师资队伍有八百人,刚好与当年'八一三事变'日本侵略上海时坚守四行仓库浴血抗敌的八百壮士同一数目,李校长就把他们称为'八百壮士'。从此'八百壮士'就成为哈工大教师骨干队伍的代名词……成为哈工大不断发展壮大的核心力量。我认为,这是李校长办学思想的最核心的部分。"[1]

时间拨回到1949年的清华园。

---

[1]　周素珍主编:《报春晖——校友的回忆与畅想》,哈尔滨工业大学出版社2000年版,第98页。

当时，哈工大校长一职由东北抗日联军著名将领冯仲云担任。冯仲云是清华大学校友，担任校长后，他求贤若渴，委托钱三强在清华校园中公开招聘二十名助教。

招聘启事贴了出来，很多人看了看，却摇头就走：谁会去那个冰天雪地的哈尔滨？最终，整个清华园，只有一人应聘。

此人便是陈雨波。

为什么愿意去哈工大？陈雨波敞开心扉：一是因为哈工大用俄语教学，自己旁听过俄文；二是因为从少年时代起，他就向往世界上第一个社会主义国家苏联，来哈工大就可能有机会去苏联。冯仲云校长立即决定聘用陈雨波。

时隔多年，陈雨波仍然记得来到哈尔滨时的情景。哈工大预科主任刘仲甫派了哈工大唯一的交通工具——马车，把陈雨波接到中山路教堂街口的学生宿舍，陈雨波便暂住在这幢三层小楼。小楼原是教堂，俄式风格的玻璃窗把缤纷的色彩映照进陈雨波的瞳孔中。

来到新艺术运动建筑风格的哈工大校舍，陈雨波更感觉自己像是过着"国内留苏"的生活：这里的本科生交谈时往往中俄文混用，学校的拱形大门、外墙的人像浮雕颇具俄式风情；哈工大的副校长是苏联人，大楼的门卫、清洁员也是苏联人，本科生大多也是苏侨；课堂上讲的是俄文，校园里张贴的校令、布告和各房间的标牌也是清一色的俄语。

可烦恼也随之而来。第一天进校部楼时，陈雨波居然连男厕所和女厕所都没分清，他蓦地感到自己俄语水平有限。然而，他同时也感到了自己身份的特殊性——在当时，哈工大本科教职员工几乎都是苏侨。除了一位体育教师、两位教外籍学生中文的老师，以及预科的两位国文教师外，陈雨波成为学校唯一的华人专业课教师。

留在哈工大是决定陈雨波一生的选择。在此之后，从从事钢结构教学和科研工作，到承担机械楼、第二学生宿舍和镜泊湖疗养所三项建筑设计任务，再到调任哈工大土木系副主任，及至由土木系扩建的哈尔滨建筑工程学院赴任，一次次服从组织安排的背后，是陈雨波舍小我、顾大局的高风亮节，是他孜孜不倦忘我工作的精神境界，也是他用青春和智慧谱写的一曲"八百壮士"青春之歌。这是后话。

来到哈工大不久，陈雨波就随"东北招聘团"南下，在上海、南京、杭州、北京、武汉等地为哈工大招来一批青年教师，王光远、黄文虎、袁哲俊等人就在其中。

1924年3月出生于太行山脚下的王光远，曾为了求学千里迢迢赶赴甘肃天水。在国立西北农学院水利系学习时，王光远有幸师从著名力学家孟昭礼，后来又跟随孟昭礼到北洋大学（现天津大学）担任助教，并在孟昭礼患病后接替他成为讲师。1950年，王光远被选派到哈工大师资研究班跟随苏联专家学习。这一年，王光远26岁。

如果没有"东北招聘团"的到来，从上海交通大学机械系毕业的袁哲俊或许将在上海度过一生。然而，为响应党和国家建设东北重工业基地的号召，袁哲俊辞去了工作，北上来到哈工大，在师资研究班随苏联专家学习后留校任教。来到哈工大时，袁哲俊23岁。

1926年7月出生于上海的黄文虎，在目睹国破家亡的惨状后逐步成长为参加革命的进步青年。1945年抗战胜利，黄文虎考入浙江大学电机系。1950年，哈工大在全国范围内招聘高等教育优秀人才。大学毕业后的黄文虎从他的原工作单位天津中央电工二厂来到哈尔滨，进入哈工大师资研究班学习，此时的黄文虎24岁。

在这批20多岁的青年教师的履历中，有一个共同的标签——师资研究班，也就是前文中俞大光初到哈工大时所就读的班级。他们所担负的重任，简而言之就是先向苏联专家学习，一边学习、一边作为"小教师"上课，待自身能力具备后，便转为正式教师留在哈工大新设立的各专业授课，或者返回原校任教。

曾任哈工大副校长的李家宝回忆当时的情形说："我是1950年根据当时教育部发给各省的电报通知，要求每省各抽调两至三名高等院校的青年教师，来哈工大做研究生进行培养而来校的。准备先学习俄语，然后向苏联专家学习。"

黄文虎忆起当时的学习和教学经历时，有一段很形象的话："因为苏联的体制当时很重视理论，理论力学与美国那边的应用力学差距比较大，理论性很强，所以要花很多力气学习。本科生来了以后，一开始由苏联专家讲大课，我们当助教带习题课，就是一个小班，引导大家怎么思考，怎么做习题，我们也跟着听大课。过了一两年以后，学生越来越多，很快把我们逼上讲台讲大课，是形势发展的需要。这叫作现买现卖，一边学习一边教，在这种情况下我们开始教学工作。"

1953年，黄文虎从哈工大师资研究班毕业后正式留校任教。同一年，哈工大迎来了校长李昌，李昌开始思考哈工大人才接续培养的问题。

1951年4月，刘少奇亲自批示、相关部门大力支持和重视，促成了哈工大成为中国学习苏联教育经验的样板高校。教育部随即制定了《关于哈尔滨工业大学改进计划的报告》，对哈工大的办学定位、培养目标、科系设置作了明确指示。为解决哈工大遇到的教学资源等种种问题，中央政府决定任命团中央书记处书记李昌为哈尔滨工业大学校长，毛泽东签发了任命书。

或许很多人知道哈工大是"211工程"和"985工程"名校，知道哈工大在全国高校的地位和影响，知道有许多叱咤风云的航天英才出自哈工大，却不知哈工大辉煌的今天，与20世纪50年代的校长李昌用现代大学的教育理念和开创精神给这所学校打下的日后发展的根基是密不可分的。

李昌，原名雷骏随，21岁时改名为李昌。1914年，李昌出生于湖南湘西永顺县，这里是土家族的发祥地之一。

在哈工大博物馆内的李昌纪念馆中，有两幅老照片展现在参观者眼前。一幅是李昌祖父建的雷家老屋，贺龙的司令部曾在这里开展工作，现已成为湘鄂川黔四省革命委员会旧址纪念馆;另一幅是李昌的父辈们建的雷家新屋,曾是中国工农红军军事分校,现为湘鄂川黔革命根据地纪念馆。李昌就出生在这里,并从这里走出大山,走向遥远的山外世界。

李昌的父亲雷成武知书达理,是一位开明士绅,他捐资修建码头和桥梁,创办新学,建立联合团防,保护地方安宁,被推举为县参议会议长、商会会长、红十字会会长等。他鼓励后代到大城市接受教育,对子女管教极

哈工大博物馆中展出的李昌塑像

为严格。李昌善恶分明、以国家利益为重、拼搏进取的精神,以及他后来成为青年运动的领袖,与父亲对他的熏陶是分不开的。

1928年,14岁的李昌跟随大哥雷男离家求学,先后在杭州、上海、北平等地读书。他初中时就接触了进步思想,在上海同济大学高中部学习期间,积极参加抗日救国运动。九一八事变后,李昌三次赴南京向政府请愿。

1933年,李昌加入中国共产主义青年团。

1935年,李昌高中毕业。他同时报考了清华、北大等四所大学。当年考大学并不像现在这样实行统考制,报考四所大学,就要分别参加四次考试。考试结果令人非常振奋:四所大学同时考取!最后,李昌选择了清华大学物理系。同年,北平爆发了震惊全国的一二·九爱国学生运动,李昌成为清华大学一二·九爱国学生运动的骨干。

1936年,李昌参与组织发起成立"民族解放先锋队",后被选为清华

大学"民先队"大队长。同年他加入中国共产党,并先后担任中共清华大学党支部组织委员、中华民族解放先锋队全国总队队长、中共"民先队"总部党团书记。

从1938年到抗日战争胜利前后,李昌率"民先队"先后辗转太原、西安、武汉、延安等地进行抗日救亡活动。他曾三次到延安开会或工作,先后担任中共中央青年工作委员会委员及组织部部长、青年战地服务团团长、晋察冀军区第四纵队政治部主任等职务。

1951年,李昌出任团中央书记处书记。1953年10月,由周恩来提名、毛泽东批准,李昌从团中央书记处调到哈尔滨工业大学任校长。

1953年10月,李昌到哈工大首先要破解的,就是教师队伍建设的难题。在1953年,学校有四千多名学生,讲师、助教虽然已达到四百余人,但正、副教授仅有十人,且能在教学上挑大梁的讲师数量远远不够,日常教学已相当吃力,很难谈得上水平的提高。

在这个时候,李昌作出一个影响哈工大未来命运的决定:与其争夺人才,不如自己培养人才!他说:"要把哈工大办成一所高质量的综合性工科大学,唯一的出路,就是依靠自己的力量,培养自己的师资队伍。"

在此之前,哈工大的师资力量主要是从校外引进的。在持续做引才的工作之外,李昌把希望寄托在校内的年轻教师和品学兼优的在校生身上。

如何从在校生中培养自己的师资队伍?没有调查就没有发言权——李昌要求教务处对全校各个专业进行调查,对研究生中学习好能力强的人摸底排队,把每个人的简历制成卡片分析比较,考核合格后提拔为教师、教研室和系的负责人。

同时,为了迅速提高学校的教学质量和管理水平,李昌按专业设置的需要,提请高教部逐年增聘苏联专家,到1956年,哈工大的苏联专家已达二十多位。学校成立了专家工作组,专家的工作就是指导教学和科研,针对学校的现状制定切实可行的工作计划。

1953年的冬天，李昌和几位校领导去伊春市考察。坐在雪橇上，有位同志说这里出产的蘑菇又大又好，李昌问为什么，这位同志说，农民发明了一种叫"蘑菇郢"的人工培养方法，把锯下来的树干排列起来，种上蘑菇菌苗，可以源源不断地生产蘑菇，而且品质优良。李昌兴致勃勃地说："我们要学习农民的办法，把哈工大办成一个'蘑菇郢'，源源不断地培养自己的师资队伍。"

　　通过"依靠自己的力量"的一系列举措，哈工大的师资队伍得以建立。在这一时期，哈工大的师资来源主要有三个：一是新中国成立初期从南方各大学招聘的一批研究生，以及大量由高教部组织全国各大学选送进修的师资研究生中留在哈工大工作的青年教师；二是留校的哈工大本科生，这得益于受"国内留苏"吸引而报考哈工大的全国各地优秀学子；三是从其他高校的毕业生中分配给哈工大任教的助教。

　　以这三部分师资来源为主的二十多岁的"小教师"，成为哈工大发展的力量源泉之一。正如哈工大原党委副书记顾寅生所说："一大批青年教师很快成长为教学科研骨干，有一些成了学术带头人；一批三十岁左右的青年教师担任了系处一级的党政领导，这在当时全国有影响的高等学校是不多见的。当时的青年教师，采取边学边教边建专业的方式，走完了整个教学过程，全面掌握了课程内容和教学方法，并结合中国实际，创造性地运用苏联经验，承担起全部教学任务。"

　　"八百壮士"由此齐聚哈工大，一段历史刚刚起笔书写。

2

头戴铝制降压器的"八百壮士"领军人

当初的哈工大像磁场一样，吸引着大批满怀理想的热血青年。前文提到过，很多优秀学子报考哈工大的原因是可以"国内留苏"。因为当时出国留学只有留苏一条途径，而哈工大聘请的苏联专家在学校直接用俄文授课，这相当于"不出国留学苏联"，因此叫"国内留苏"。一批年轻人从祖国的四面八方踊跃报考、应聘来到哈工大求学、工作。

来自浙江的吴满山回忆说，当时甚至有已考取国内名牌大学的学生，上了一年学以后退学重新报考哈工大。一批从全国各高校选送来的优秀年轻讲师、助教是这支队伍的"晶核"，而这支队伍的领军人物，则是与他们同属"少壮派"的李昌——读中学期间，李昌就开始参加各种爱国学生运动，他的政治智慧和组织才能使他成为抗战时期的青年运动领袖之一。

在新中国成立之初，为了迎接我国经济建设高潮的到来，党中央决定从团中央选调若干领导干部加强大学的领导工作。李昌没有选择其他教学队伍成熟、基础雄厚的大学，却选择了哈工大。黄文虎对此评价说："我想了很久，觉得这正是李昌同志胆识过人、高瞻远瞩、以国家利益为重的体现。解放之初，全国人民迎来了渴望已久的经济建设高潮，但旧中国留下的是满目疮痍，建设人才极度匮乏，而旧教育体系也不适应培养新型建设人才的需要，同时西方帝国主义的封锁，迫使我们只能'一边倒'，只能依靠苏联'老大哥'，在工业体制、技术规范等问题上也必须同苏联'接轨'。在这方面旧大学对之尚不甚适应，利用哈工大俄文教学的条件，可以接纳大批苏联专家，加速发展。"

李昌来到哈工大后，引进国外先进科技、培养青年教师和青年管理干部、建设结合中国实际的高等教育体系，成为当时学校的建校方针。当时的哈工大模式可以概括为"边学、边教、边建"，即根据国家经济建设需要确定成立专业、聘请国外专家，并带来一份教学计划和主要课程的教学大纲以及相应的教材，同时配备一批师资研究生，抽调相邻专业三年级本科生开始专业教学、建设实验室和校外实习基地。经过两到三年时间，第一届毕业生出来了，同时师资队伍也有了。这是一条多快好省的道路。哈工大的建校方针，同时也成为孕育"八百壮士"的土壤。

"新中国成立初期，学校的状况是一穷二白，师资严重不足。因此，时任校长李昌非常关心和重视青年教师的成长。他经常召集青年教师到办公室，一个一个地谈话，并征求青年教师对教学的意见。他对理论力学教研室非常重视，甚至亲自到教研室蹲点。"哈工大教授、力学学科奠基人之一王铎回忆道。

当年担任机械设计系副主任的齐毓霖说："那时不但教学主管部门抓教师的教案、准备课堂教学工作，李校长也经常进行抽查。他每隔一段时间总要到我们教研室了解教学情况，还到我们自己筹建的实验室，询问每个实验设备仪器的作用。李校长对许多教学上的问题都懂，即使不熟悉的一说就明白，所以没人敢糊弄他。大家平常都认真备课、教学、开展实验，以备李校长或教学主管部门随时抽查。"

在黄文虎的印象中，李昌工作起来不分白天夜晚，常常夜里打电话把他和同事叫去，有时讨论理论力学上的问题，有时讨论教学方法上的事。他要求老师们把苏联专家讲课的经验积累下来，找出自己的差距，每一节课什么是重点、什么是难点都要积累，然后启发学生。包括提什么问题启发学生对学生最有帮助，都要积累下来，这样一代一代地传下去。

哈工大原管理学院院长何绍元从岗位上退下来后，仍然作为学校教学督导组的成员坚持听课，检查教师的教学质量。在他的回忆中，学校的学科建设是最根本的，李昌不遗余力地为之工作、操劳。当时，为了办电子测量专业，李昌安排当时在教务处的他写报告，然后把报告带去北京。李昌一行人到北京后，报告已经写了好几稿，准备交给第一机械工业部电子局审批。但李昌又感到报告中对于专业定位问题还要更加详细一点，把问题说得更明白、透彻，于是在晚上9点半打电话让一行人过去。由于当时太晚，没有公交车，何绍元等人只能走过去，将近11点才到，然后李昌带着大家讨论修改到凌晨3点。让何绍元印象最深刻的是，李昌患有高血压，他当时头上戴着铝制的降压器和大家一起抠问题，完成后，大家就靠在椅子上眯瞪了几个小时。

"第二天早晨汇报很顺利，一机部批了，高教部也批了。我们在创建核物理、电物理相关专业时也费了很大劲，……夜以继日、马不停蹄，像打仗一样，那时学校的教学气氛很活跃。1958年会下棋的计算机造出来，就是建立科学技术的新学科、广泛收罗人才的结果。"何绍元说。

就这样，在哈工大这个熔炉里锻造出一支年轻化、革命化、专业化的队伍，这支队伍吃得了苦，受得了累，能文能武，这就是日后的"八百壮士"。多年后，哈工大人在回忆起他们的大学生活时，很多人都认为是环境造就了他们，他们不管被分配到什么性质的厂矿企业，进办公室就能画图设计，下车间就能抄家伙干活，不讲条件，不讲待遇，受到用人单位的欢迎。

哈工大在那个时期形成的严格而开明的校风，为学术民主创造了良好的氛围，广大师生虽然在工作和学习上压力很重，但他们思想解放，没有门户之见，没有派别之争。他们大胆而自由地探讨学问，敢想敢说，敢于和清华、北大的资深教授讨论问题，敢于争论。他们不管到哪里工作，都会自豪地亮明自己哈工大的身份："我们是哈工大出来的。"

这样的校风和氛围的形成，是在哈工大被确立为样板高校后天时、地利、人和各方面因素综合作用的结果，也离不开哈工大当时的领军人物——李昌。

3　第一个"黄金时代"淬炼出的"晶核"

从零开始,却有高起点;献身真理,同时热爱祖国,这就是"扎根东北、爱国奉献、艰苦创业"的"八百壮士"。

前文讲到,由三部分的师资力量最后集结成为"八百壮士"。其中,一批从全国各地原有大学中选拔的优秀讲师、助教和从毕业生中再次选拔留下的教师,形成了凝结"八百壮士"这个群体的最初"晶核"。他们是新中国成立以来广大许党许国的知识分子,特别是科技知识分子的一个缩影。作为"晶核",他们为哈工大乃至全国高等教育创设了一批新兴学科,解决了国家工业化建设的燃眉之急。

他们成为新中国一些新兴学科的奠基人。

1957年,为了新中国的科学事业,年过半百的陈光熙不顾亲友反对,义无反顾地放弃了北京优越的工作条件和舒适的生活环境,来到哈尔滨扎根下来,在哈工大创建了新中国第一个电子计算机专业,成为我国计算机科学与工程的奠基人之一。1958年,他主持研制成功我国第一台能说话、会下棋的智能下棋计算机,填补了国家在电子计算机研究方面的空白。哈工大计算机专业随后开办了全国第二届计算机训练班,培养急需专业人才,三十多名来自多个省份的受训人员后来都成了有关高校和研究机构的骨干。

他们成为国内一些学科方向的开创者。

1951年,23岁的雷廷权从西北工学院(现西北工业大学)来到哈工大进修并工作。1960年留苏回国后,雷廷权敏锐地注意到苏联金属材料界正在研究形变热处理问题,提出我国要立即抓紧进行对这一问题的研究。在他的领导下,专业研究队伍很快组建。此后,哈工大对形变热处理基础理论的研究一直居于国内领先地位。1979年，雷廷权主编的《钢的形变热处理》正式出版，并于同年获得全国科学大会奖。雷廷权也被誉为中国形变热处理的创始人。

他们成为编写专业领域国内第一套教材的"鼻祖"。

在哈工大师资研究班就读的秦裕琨，一边学习锅炉专业的知识，一边为哈工大本科生和相关专业的研究生讲授"锅炉与锅炉房"课程。边学习、边讲课、边筹建新专业，半夜12点以后再入睡，已成为秦裕琨学习和工作的常态。就是在这样的状态中，他于1959年完成锅炉专业教材的初稿，并由学校油印出版。20世纪60年代初，这本内部教材被教育部选为国家教材，并于1963年由中国工业出版社正式出版。这就是中国锅炉专业课程的第一本国家统编教材《蒸汽锅炉的燃料、燃烧理论及设备》。这一年，秦裕琨30岁。

到了1956年，一个基本适应当时国民经济建设需要，以机电、电气、土木、工程经济等为主的教学体系基本建成。同时，以青年教师为主体的师资队伍也形成了，这就是那个时代的哈工大"八百壮士"。

哈工大从此迎来大建设、大提高、大发展的"春天"。顾寅生在谈及哈工大精神时，将1957年作为哈工大黄金时代的起始。他说："到1957年，哈工大已经建成一所有7个系、23个专业、57个教研室、76个实验室和资料室，拥有近8000名学生、800多名教师的新型的多科性的社会主义工业大学，全国各地大批有志于国家工业化建设的优秀青年从祖国四面八方报考哈工大，形成了群贤毕至的生动局面，开启了哈工大历史上的'第一个黄金时代'。"

然而此时的校长李昌并没有停下脚步，而是敏锐地抓住新的机遇，将他把哈工大办成一所为国家建设服务的教学、科研基地的想法付诸实施。

李昌认为，光培养工程技术人员是不够的，随着社会的发展，工程技术人员不具备经济头脑，不学经济学是不行的，于是他提议创办了全国第一个工程经济系。哈工大新兴专业的建设在 1956 年就已开始。1958 年，哈工大发展到 12 个系、43 个专业，航空工程、工程物理、计算机、自动控制、无线电等专业相继建立，已经具备了相当的实力。

也是在 1958 年，邓小平视察哈工大，提出大厂大校要关心国家命运，指示哈工大要"搞尖端"。随之而来的是第一机械工业部有关领导的指示和支持，以及哈工大隶属关系的改变。在此之后，哈工大为国家服务的能力全面提升，在重点学科建设、人才培养和科学研究等方面开辟了崭新的局面。

哈工大在 20 世纪 50 年代初到 60 年代初短短十年左右时间的发展历程，在岁月的长河中不过匆匆一瞬，却在新中国工业发展历程中镌刻下崭新的历史标注，也让"八百壮士"成为哈工大"黄金时代"的鲜明注脚。

从 1958 年初在北京举行的教育革命展览会，到全国教育与生产劳动相结合展览会，哈工大都交出了优秀的答卷。哈工大展出的电子计算机、仿型立式车床、电力系统动态模拟系统、超低频成套设备和高速摄影机等成果，标志着哈工大老一辈"八百壮士"已从学习转向独创，有能力实现中央"向科学进军"的目标。

4

迎风搏浪，不落征帆

"南迁北返"，第一次听这个词，你或许想到的是西南联大在战火纷飞岁月中的南渡北归，或许想到的是故宫博物院在抗战期间进行的文物南迁。而今天我想说的，是特殊历史时期里哈工大人曲折前进的道路。

20 世纪 60 年代，中苏关系急剧恶化。中央开始对国防院校、科研机构和工厂进行迁移，进山进洞，此即所谓"三线"建设。

1969年12月，按照下达的通知，哈工大和哈军工开始南迁，"学校的设备、仪器、器材、物资、图书资料等，均根据尖端教学需要和生活需要，随校内迁；民用专业留在哈尔滨，归省革委领导"。哈工大南迁后，新组成的重庆工业大学有设备、缺教师，长期无法进行教学；留哈部分则有教师、缺设备，后虽少量招生，但不能很好地进行教学。[①]

1973年，为了使哈尔滨工业大学尽快招生开学，培养科学技术人员，照顾东北地区工农业的发展，国家同意重庆工业大学仍迁回哈尔滨与原哈工大留省部分合并，组成哈尔滨工业大学。

仅仅存在了三年多的重庆工业大学，没有招收一名学生、没有开一堂课，就此淹没在历史的尘埃之中。而当初跨越千山万水迁往重庆的物资，如今要迁回哈尔滨了——迁回物资约8500吨、1.7万立方米，这粗略统计仅仅是图书、仪器、设备，大多是怕碰怕摔的"金银细软"。

当"北返"的教职工人员经历漫长的蜀道、秦岭、山海关，回到熟悉的黑土地，看到哈工大主楼高耸入云的尖顶时，许多人流下了热泪。经过三年多的漂泊、离散，他们终于回家了！

1973年2月，重返哈工大领导岗位的校长高铁，担负起了让哈工大起死回生的重大使命。

面对重重困难，高铁和其他校领导一道采取有力措施，千方百计地减少"北返"的损失，以确保"北返"任务圆满完成。

人才工作问题，无论在什么时代都是一个基础性、战略性问题，一国如是，一校亦然。当时，学校一要留住人才，二要广揽人才，着实费了一番工夫：原哈工大"南迁"的教职工，一律返回哈尔滨；随迁家属原在哈尔滨市工作的，仍回原单位；到重庆后就业的家属子女，在校内安排。此外，学校

---

① 马洪舒主编：《哈尔滨工业大学校史（1920~2000）》，哈尔滨工业大学出版社2000年版，第263—264页。

也多方协调国防科工委和黑龙江省内部门单位招收优秀教师，打报告请求中央地方有关部门单位出钱出物，抢建学生宿舍、教学用房。

仪器设备回迁就位了，各方人才留住了，学生宿舍、教学用房建起来了。哈工大的元气正在恢复。此时，哈工大原子能、机械、电机等方面专业得以建立，全校设有31个专业、12个研究室。

1973年，学校开始招收工农兵学员入学。哈工大的领导和教职工们清理校舍、安置设备、筹集资金、调集人才、重建专业，大部分专业开始恢复招生。学校主管单位转为第八机械工业总局和第七机械工业部，哈工大重新走向了为航天事业服务的教学与科研之路。

1977年4月25日，时任国务院副总理王震和国务院有关部门负责同志来校视察工作，学校的教学秩序逐渐恢复。

1977年恢复使用考试入学的办法招收的950名新生，于1978年3月开始入学。1981年，经国务院批准，学校成为全国首批博士和硕士学位授予单位，当年即开始博士生招生。

哈工大物理学院教授皮名嘉曾回忆起洪晶在当时的迅速行动：动乱结束后，洪晶坚持将分散在全校各专业的物理老师找回来。哈工大刚一恢复招收研究生时，经过认真分析、慎重考虑，洪晶就大胆第一次招收了9名，殚精竭虑、精心培养。这为之后哈工大物理系的建立奠定了第一块厚重的基石。

1984年，哈工大成立研究生院。哈工大是全国首批试办研究生院的22所院校之一，这是哈工大发展史上一个重要的里程碑。

1978年至1984年，哈工大共承担包括国家"六五"攻关任务在内的100多项科研任务。到1984年底，学校共取得600多项成果，其中近半数获中央、有关部委及黑龙江的科研成果奖，其中有国家发明奖5项、技术进步奖7项。如"一步法无氰镀铜""吸除外延杂质工艺"分别获国家发明三等奖，"压力机锻模热处理新工艺""高强度钢筒形零件形变热处理""小型全位置焊管机"分别获国家发明四等奖。

5 一张又一张运算的稿纸，飞舞在天空，铺满了大地

万物皆有裂痕，那是光照进来的地方。在那些风雨如晦、苦寒依旧的日子里，有一种花会在各种花草还没有醒来时，就在枯黄的山坡上、从石头缝隙中悄悄地安身，接着次第绽放，于是漫山遍野，满是粉红色的芬芳。她们不惧严寒，傲雪凌霜，仿佛是大自然想要传达给人类的某种启示。

达子香是东北春天里醒得最早的一种花，无论是深幽的大兴安岭，还是冷峻的长白山脉，她以自身坚强却不孤高的存在默诉着一种以生为名的意义：哪怕风一阵比一阵强，雪一次比一次狂，也囚不住生命的灿烂。一绽放，她就全身心地把生命点燃，然后用生命把某种悲壮和喑哑的情绪驱散。生机勃发的春色，是她的睫毛滴下的露水；群岭上丰沛的光，是她劳作的汗水。而这，不正是坚守在东北大地上的人们的写照吗？

有一首歌名叫《达子香》：

达子香
你盛开在五月的小兴安岭上
达子香
冰雪畏惧消融的时候
你却倔强面向太阳
你装点浩瀚的原始大森林
犹如烈火般热情奔放
在春天绽放的日子里

神采与你一起飞扬

啊，巍巍兴安岭

美丽的达子香

你的英姿让人流连

我就要来到你的身旁……

在生存条件并不适宜的环境中，哈工大校园里也有绽放的"达子香"。他们动心忍性，坚守在自己的精神家园，取得了令人瞩目的成就，他们艰苦创业的精神令人称道。

故事还是回到 20 世纪 70 年代的一个冬天，黑龙江省图书馆。

空旷寥落的省图书馆科技阅览室蓦地迎来一个看上去很怪的读者——他身材高大却有些清瘦，长方脸上戴着一副近视眼镜，像是在肚子里装了很多书，说话特别谦和客气，然而头上却极不协调地戴着一个军黄色狗皮帽子，身上穿着一件很旧的深蓝色棉大衣，让他看上去有些不伦不类。

更令人咋舌的事情是，接下来一连好几个月，每天早上八点图书馆一开门，怪人就扎了进来，一直待到下午五点关门他才走。图书馆的工作人员早就察觉出他的喜好：总是借与激光专业有关的外文科技资料，英文的、俄文的，然后一个人缩在最后一排的一个角落里，几乎一动不动，一看就是一整天。每次离开，鼓鼓囊囊的手提袋里，装的全是手抄的资料和文献卡。

从读者登记卡上，工作人员了解到这个读者是哈工大的教师马祖光，但他们哪里知道，他们窥见的是一位中国核物理专业和激光专业创始人的历史，是一群永被某种超越个体狭隘的博大精神所支撑着的人们的历史。

1970 年春夏，马祖光一手创办的哈工大核物理专业迁到南方，马祖光留在了学校。然而不幸的是，一顶"反动学术权威"帽子扣在了他头上。蹲牛棚，挑沙子，刨冰冻的石油渣子……

从牛棚里放出来，马祖光顾不得休息，就一头扎进黑龙江省图书馆，凭借自己良好的俄文、英文功底，借阅了大量的外文资料。阅读、摘抄，然后翻译、绘图，天天如此。春夏秋冬，年复一年，马祖光摘抄了厚厚的几十本资料，并把这些资料和文献卡毫无保留地提供给同事。教研室的每一位老师都得到过他的无私帮助。而这一切的动力，都源于"激光"二字。

激光作为"光的骄子"，从20世纪60年代在国际上一出现，便快速地被应用。激光切割、激光打孔、激光测距、激光焊接、激光手术、激光制导……这个新事物深深地吸引了马祖光，他预见到激光在军事上有广阔的应用前景。但在当时，中国的激光研究落后于世界先进国家。

"中国的激光不能落后！"

强烈的事业心和紧迫感，促使马祖光和同事作出创办激光专业的决定并付诸实施。

每天从图书馆回到家，马祖光顾不得休息，就赶紧把自己手抄了一天的外文资料从手提袋里拿出来，详细地进行翻译，第二天再给同事们讲解。至今，这个专业的一些老教师还深有感触，念念不忘：在建专业初的近十年里，马老师在师资队伍培养和理论研究上下了很大的功夫。马老师对他们进行系统培训，补物理、讲激光，那是他们看书最多的一段时间。

哈工大激光专业的创建有几大特点：起步晚，比国际上整整晚十年；起点低，尽管教研室的人都是从物理、核物理、光学仪器等专业抽调来的，但对激光还是十分陌生；条件差，什么设备也没有。后来马祖光回忆那段创业初的难忘岁月时，仍然激动不已。他说："当时办专业可以说是一无所有，我和谭铭文、于俊华、王斌一起在一堆废旧的物资中捡回了我们这个专业的第一台没有示波管的示波器。第一台机械泵是花200元钱在哈尔滨灯泡厂买的退役泵。难啊，真难啊，我们是在没有资金、没有设备、没有资料，甚至没有一颗螺丝钉，连桌椅板凳也没有的条件下开始干起来的……"

时间定格在1971年。

纷纷扬扬的雪花在哈尔滨市区漫天飞舞。那个"图书馆怪人"马祖光，埋头在哈尔滨市香坊区的一个废品收购站，此刻他的眼中闪现出光芒——他看到了实验室能用的旧蒸馏水玻璃瓶，成堆地堆在那里。

无人问津的旧玻璃瓶，是马祖光淘到的宝贝。他把早已准备好的手推车推了过来，把一大堆旧蒸馏水玻璃瓶装上车，然后一只手推开同事，另一只手紧紧抓住手推车扶手："谁也不要争，我来'驾辕'！"一路下来，马祖光的脸上湿漉漉的，不知是融化的雪水，还是累出的汗水。

即使过去了几十年，哈工大光电子技术研究所教授王雨三仍然记得那个时候马祖光在风雪中推车的身影，那是怎样一团火热燃烧的生命啊——"比我们大十几岁的马老师干累活总是冲在最前头。我们还开玩笑说他'老马识途''老马驾辕'，其实马老师那时就有心脏病，现在想起来真是后悔！"

从物理、核物理到激光专业，是从一个专业跨入另一个陌生专业，人才培养、资金不足、设备奇缺、前景不明朗……一个个问题摆在眼前，但马祖光从不考虑自己的得失，不考虑自己的发展前途。国家需要，就是他干事业的动力。跟随马祖光学习和工作了四十五年的学生、同事王琪回忆说："马老师在国家没投一分钱的情况下，敢于和同事们创办激光专业，这不是一般人能做到的。"

创业之初，在搞理论研究的同时，马祖光他们很快开始了应用研究，一方面是为了让激光专业为更多人所知晓，另一方面也是为了争取项目经费。马祖光带领大家完成了许多激光领域的民用项目，都获得了成功。其中，马祖光带领团队研制的"激光铅直仪"，快速解决了黑龙江省电视台建筑项目的施工垂直度问题，为牡丹江市的一个水电站解决了地面水平度问题；给鸡西市鸡东煤矿研制出"激光防爆准直仪"；为黑龙江省医院研制了"激光眼科治疗仪"，用于治疗视网膜脱落……1976年，哈尔滨市宾县良种场搞激光育种实验，需要马祖光他们的激光技术，别人能骑自行车过去，马祖光不会，只好挤公共汽车，一路颠簸过去。

1976年，马祖光带领团队承接了第一个国家重大项目。1981年，他们研制的激光器得到了国家的好评并获奖。

当时的马祖光也曾有去北京工作的机会。1976年，根据国家需要，核物理专业并入了中国科学院高能物理研究所，高能所的领导请他去北京，但当时的校长找马祖光谈话，寄予厚望地对他说："马老师，你是学科带头人，我不能放你走，哈工大需要你，一定要留下啊！"马祖光服从党组织安排，留了下来。

在很短时间内办成了一个走在国内同行前列并有一定影响力的专业，马祖光埋头苦干，一干就是三十年。

还是在1970年春夏，在经历漫长的搬迁过程后，哈工大运到北碚的大型仪器设备都被弃置一旁，无法正常工作。对于以工程研究为主的学科来说，没有设备，不能做实验，科研教学工作也就无法进行了。而有一个人，

20世纪70年代马祖光在做实验

此时却忙得不可开交。

他就是雷廷权。按照学校安排，雷廷权与教研室的十几位教师，一起带着大批设备来到新组建的重庆工业大学。校园不大，无论水电等基础条件，还是放置大型仪器设备的场地都无法满足哈工大办学所需的基本要求。这个时候，雷廷权组织教研室的老师们做起案头工作：他们利用这段时间认真研究国际上对形变热处理的最新研究进展和学科发展的趋势，整天泡在图书馆里查阅资料，认真记录。那个时候，图书馆里除了他们教研室的老师，几乎没人在那里。

重庆的夏天经常是四十摄氏度左右的高温。在酷热的图书馆，雷廷权带着一群年轻老师克服重重困难，在形变热处理的基础研究方面进行了深入扎实的积累。正是这种积累，为后来出版的中国第一部形变热处理专著《钢的形变热处理》打下了重要基础，同时也传承了金属材料及热处理专业重视基础研究的优良作风。

在重庆期间，中国热处理学会请雷廷权作为副主编，着手主持编写大型《热处理手册》（四卷）。1974年，雷廷权从重庆到北京参加这一项目的编写工作，然后又随着学校回迁原址而返回哈尔滨。在患腰椎间盘突出十分严重的情况下，雷廷权卧床不起，无法正常活动。同事几次去他的宿舍找他，都看到他趴在床上写文章。就是在这样的身体条件下，热处理手册的编写宣告完成。

1953年，从上海交通大学机械系毕业来到哈工大的秦裕琨，进入哈工大锅炉制造专业研究班跟随苏联专家学习，并参与组建了哈工大锅炉专业，谁知他短暂的春天被动荡的局势打断。

在牛棚改造期间，秦裕琨接到一项政治任务——为省革委会改造锅炉。明眼人一看不得了：这个任务着实是个"烫手山芋"。完不成任务，可能会罪加一等被打成"反革命"，项目做不好，旧锅炉也可能会爆炸。可秦裕琨却毅然接受了这项任务。他把这次锅炉改造当成研究课题，他也想借此机会为他的科研工作积累素材。接了这项任务的秦裕琨，也因此得到一个绰号——"秦总捅"，不是"总统"，而是"总捅"，因为敢接下这项任务的他，实在有胆量，"总捅咕"（东北话，意为捅娄子、捅马蜂窝）。

就是在这样的压力下，秦裕琨在国内首次提出热水锅炉可采用自然循环方式的学术思想，据此设计制造了我国第一台自然循环热水锅炉，掀开了我国工业锅炉制造史上新的一页。

作为推动我国热泵事业发展的先行者，徐邦裕领导的科研小组的工作没有因局势动荡而停滞不前。在1966年至1969年期间，徐邦裕小组坚持了LHR20热泵机组的研究收尾工作，于1969年通过技术鉴定。而后，哈尔滨空调机厂开始小批量生产，首台机组安装在黑龙江省安达市总机修厂精加工车间，现场实测的运行效果完全达到恒温恒湿的要求，这是我国第一例以热泵机组实现的恒温恒湿工程。

在哈工大"南迁"时留在哈尔滨的蔡鹤皋，面对的都是实验室里破旧不堪的仪器设备——凡是好些的机床、仪器都被运往重庆，剩下的只有这些。蔡鹤皋不忍荒废时光，本来就喜欢工程机械的他，整天在实验室里把坏掉或者废弃的电火花机床、液压自动机床等一个接一个地进行修复。用他自己的话说，就是"凡是机电的东西基本上我都敢整"。后来，蔡鹤皋主要从事机械工程动态测量方面的研究工作，并于1977年成功研制出一台齿鼓式滚齿机传动链传动误差动态测量仪，他用其对哈尔滨汽轮机厂大型滚齿机传动链进行了动态测量。1979年，他又成功研制出一台双坐标自动自准直光管，实现了主轴回转运动双坐标摆角误差的实时动态测量。

在困境中坚持的还有李庆春团队。1963年，他的团队研制出我国第一台大型炮管离心铸造机，然后又在1970年与工厂合作，拿出了从材料到离心铸造工艺再到离心铸造设备的一整套科研技术成果，填补了国内空白。

1974年，李庆春团队又应中国船舶总公司的邀请，赶赴万吨轮船和大型军舰用大型螺旋桨生产厂，改进了铸造工艺，解决了原来工艺上的毛病，产品的废品率随之显著降低。李庆春团队先后获得国家科学技术进步奖、全国科学大会奖、省部级科技进步奖等多个奖项。李庆春本人也多次获评"航天部有突出贡献专家"等荣誉。

此外，哈工大二系许耀铭对高压柱塞泵关键部件的理论分析研究、六系王宗培研究成功的超过日本的70#机座互相反应式步进电动机、五系孙圣和等研制成功的数字式密度计二次仪表和单振动管式密度计一次表、七系用土设备拉出酸锂单晶等一系列科研成果，都是在那段特殊历史时期搞出来的……

在一个特殊年代的滚滚巨流之中，依然有这样热衷于科学、献身于真理的人们，正如《哥德巴赫猜想》所描述的陈景润的身影一般，"跋涉在数学的崎岖山路，吃力地迈动步伐。在抽象思维的高原，他向陡峭的巉岩升登，降下又升登"；"他总结失败的教训，把失败接起来，焊上去，作登山用的尼龙绳子和金属梯子"；"一张又一张运算的稿纸，像漫天大雪似的飞舞，铺满了大地"……

一个人的跋涉，也是一代人的攀登。在他们念念不忘、孜孜以求的身影背后，是精神力量的指引，是一种光荣与骄傲、职责与使命。

在一篇署名为周长源、李家宝、刘家琦[①]的回忆文章中有这样一段话："我们总在想，哈工大这两代'八百壮士'成长于20世纪下半叶这个风雷激荡的大时代，又有幸能处在哈工大这一有利青年人脱颖的小环境。风风雨雨，折折腾腾，究竟是阻力还是助力？恐怕取决于队伍本身的素质。其中有一部分人'比较能吃苦，比较能战斗'，因而在逆境下表现为'动心忍性，增益其所不能'。一旦雨过天晴，动荡趋稳，便可大展宏图。"

---

① 刘家琦：1958年入哈工大学习，后留校任教，教授，博士生导师。曾任哈工大副校长。

通过这段话，我们不难理解哈工大在动荡岁月中取得的累累硕果，也不难理解迎来"科学的春天"的哈工大人，在他们面前有一条充满希望与光明的大道正铺展开来。

6

一场英语考试与一个春天的到来

经历过严冬的人，更能切身感受到春天的温暖。四十多年前的那个春天，对科技工作者而言尤为不同。

1978年夏，哈尔滨进入汛期。

这一天，浑身泥污的刘永坦在松花江堤上和其他师生一起修筑堤坝。就在此时，传来一个意想不到的消息："刘永坦老师，校领导来通知，让你马上回哈工大参加英语考试！"

"为什么要考试？"

刘永坦很疑惑。没有人知道为什么让刘永坦回去参加英语考试，也不知道这次英语考试的目的是什么。

充满疑惑的刘永坦从防洪江堤上跑下来，没有任何准备地进了考场。就这样，刘永坦来到了人生的十字路口，新的命运在这一刻降临。

这场考试在共和国历史进程中的根源，要追溯到1978年3月召开的全国科学大会。

邓小平在大会开幕式上说："党中央决定召开这次全国科学大会，目的就是动员全党全国重视科学，制订规划，表彰先进，研究加速发展科学技术的措施。"① 他庄严宣布:"'四人帮'肆意摧残科学事业,迫害知识分子的那种情景,一去不复返了!"②

与会的不少知识分子听到邓小平的讲话后激动得热泪盈眶。中国科学院院长郭沫若写下了《科学的春天》那振奋人心的名篇:"我的这个发言,与其说是一个老科学工作者的心声,毋宁说是对一部巨著的期望。这部伟大的历史巨著,正待我们全体科学工作者和全国各族人民来共同努力,继续创造。它不是写在有限的纸上,而是写在无限的宇宙之间。"

后来,这次大会被视为"科学的春天"的序幕。在"科学的春天"里,像刘永坦一样的中国千百万知识分子,他们个人和家庭的命运被彻底改变。

冰雪消融,春归大地,它扫去了阴霾,给人们带来了久违的生机与活力,哈工大也迎来了大发展的春天。

在全国科学大会上,哈工大有38项科技成果受到表彰。马祖光听闻大会召开的消息后非常兴奋,他对课题组的同事说:"科学的春天来了,这对我们搞激光研究是一个非常好的机遇。"他们加快了步伐,相继取得多项成果。之后马祖光在国际上首先实现激光振荡10项,发现新荧光谱区17个,首先观察到非线性光学过程7种,首先观察到了13个新谱区。

1978年,在国家恢复职称评定制度后的首次全国教授职称评定中,哈工大洪晶、李家宝、王铎等教师被国家批准晋升为教授,他们都是全国各个学科领域的奠基人、知名学者。以此为标志,党的各项政策开始落实,广大教师的积极性被调动起来,学校的各项教学科研工作开拓出新局面。

1978年6月23日,邓小平作出了扩大增派出国留学人员的指示。他说:"我赞成增大派遣留学生的数量……要成千上万地派,不是只派十个八

---

[1] 《全国科学大会文件》,人民出版社1978年版,第15—16页。
[2] 《全国科学大会文件》,人民出版社1978年版,第14页。

个。"①

1979年邓小平访美不久,哈工大就受美国斯坦福等大学邀请,在全国高校中第一批派出17人组成的代表团赴美考察,积极探索与国际高等教育接轨的新途径。在为期1个月的考察中,代表团访问了美国12所大学、5个研究单位和有关工厂。代表团成员李家宝把这次访美评价为哈工大"起死回生的战略性行动"。

值得一提的是,代表团访问美国后,成员普遍认为在学习、保持、发扬苏联的优良传统与特点外,必须认真学习美国先进的办学与学术思想,先进的教学与科研内容、方法,先进的实验与实验装备,以及先进的大学管理经验。

此后,哈工大又派代表团访问日本、澳大利亚的著名大学,在全国高校中第一个恢复了与苏联高校的关系,与莫斯科国立鲍曼技术大学等十多所苏联高校恢复和建立了联系。

在之后的岁月里,"科学的春天"鼓舞着哈工大的师生,"红外目标仿真设备"等一批重大项目开始取得成果或阶段性成果,学校的实验条件得到大大改善,一批有发展前景的学科和科研基地初步形成。

与此同时,一批批科技人才横空出世,新一代哈工大"八百壮士"逐渐成长。他们学成回国,将所学知识与国家需要结合;他们急切地投入工作,要把失去的时间抢回来,用智慧与知识报效祖国。

在当时的哈工大,总会看到实验室深夜不熄的灯光,听到教室里诲人不倦的教导,感受到科研报国的精神。

哈工大"八百壮士"重整旗鼓,一度蒙尘的名片被他们再次擦亮。

---

① 冷溶、汪作玲主编:《邓小平年谱(1975—1997)》上卷,中央文献出版社2004年版,第331页。

第三章

底色:"手中有个纽扣,就想着如何为国家做件大衣"

> 超越苦难的不是死亡,而是热爱。

····

　　每当我们所触及的人生命题与家国命运相关，常常会发现"满江红"这三个字的印记。无论是岳飞笔下"三十功名尘与土，八千里路云和月"的豪迈，还是西南联大校歌中"绝徼移栽桢干质，九州遍洒黎元血"的悲壮，又或是黄文虎为庆贺由哈工大牵头自主研制的"试验卫星一号"成功发射而作的"巨笔绘成惊世界，小星崛起欢传檄"的激越，每每读之，都令人激情澎湃。如此，哈工大"八百壮士"的群像蓦地与"满江红"这三个字背后的"精忠报国"之情感相映衬、相共鸣——

　　作为共产党员，他们把全部精力都奉献给了组织；作为中国人，他们把全部热爱都奉献给了祖国；作为科学家，他们把全部才华都奉献给了人民。

1 迈向闪烁着真理光芒殿堂的必经之路

1980年的一个深夜,德国汉诺威大学的一间实验室里,一位看上去并不年轻的身影忙碌着,孤独而勤奋。

许多个夜晚以后,当马祖光回忆起那个深夜,他都不曾忘记那种为了捕捉到一种光亮迸发的瞬间而付出全部心血的坚持。

1979年,在"科学的春天"之风劲吹华夏大地之时,哈工大派出一个由17人组成的代表团访问美国,马祖光正是代表团成员之一。

和马祖光一同出访的李家宝回忆说:"马祖光与美国高校建立联系后,他派了第一批学生去美国留学,当时这对哈工大的影响很大。从美国回来后,马祖光了解了国际激光研究的动态,他决心要把中国的激光研究搞上去。"

1980年,马祖光到德国汉诺威大学做访问学者,他选定了"Na_2(钠双原子分子)第一三重态跃迁"这个被预言为近红外激光发展中的一大难题作为课题研究。这项研究是获得近红外连续可调谐激光的一个新方案,是当时国际激光研究的一大热点。当德国的科学家听说马祖光要做这项研究时,他们不约而同地怀疑:"美国、苏联、法国、德国等国的科学家对这个难题已探讨多年,都没成功,你就不要做了吧。"可马祖光暗下决心:"外国人搞不出来的东西,中国人不一定就搞不出来,这口气一定要争!"

已经52岁的马祖光用超出别人几倍的工作量拼命工作,早已没有"早八晚五"的概念。他一再提前早晨的上班时间、延后晚上的下班时间，为的就是有多一点时间做实验。半夜12点的末班车，马祖光都常常赶不上。回到住处还没睡几个小时，他又提前去上"早班"。

3个月时间，每一分每一秒对马祖光来说都十分宝贵，然而他等待的曲线图的波峰却迟迟没有出现。难道真的被国外同行言中？就在马祖光冥思苦想之时，实验室的负责人提出要求，建议他改做别的课题，放弃这个没有希望的项目。但马祖光态度坚定，让对方再给他10天时间，"若搞不成，可以拆除实验装置！"

马祖光深知，这是一场属于他的荣誉之战，是他赌上中国科学家群体使命与担当的荣誉之战。在随后的时间里，他的睡眠时间缩短再缩短，没有时间吃饭，就拿清水煮挂面充饥……

最终，1981年7月12日深夜，记录仪上的纸带随着数据变化缓缓移动着，马祖光布满血丝的眼睛紧紧盯着数据。突然，一个新的波峰出现，马祖光赶紧进行测定和计算——成功了！通过寻找新激励途径，马祖光在国际上首次观察到了Na_2新的近红外连续谱区的荧光辐射。

10天时间里，并不会出现奇迹。出现的只是无数次失败孕育的一瞬间的成功。

茫茫夜色中，整个汉诺威城正在沉睡。马祖光面向东方，默默地向祖国母亲报告着属于他同时也属于中国科学家的这一荣誉！

然而，新的麻烦随之而来。当时的外国专家认为马祖光的成功是使用国外实验设备取得的，在论文中，把马祖光的名字写在了第三位。马祖光一反平时淡泊名利的风格，和德方负责人据理力争："这个发现，不是我个人的事，这是中国人做出来的，这个荣誉应该属于中国。"最后，汉诺威大学应用物理研究所所长写了这样的证明："发现新光谱，这完全是中国的马祖光一人独立做出来的。"

在德国工作两年，马祖光没有观光过一次，也没有留下一张像样的风景照。曾有一次，研究所所长指着自己家里的大草坪对马祖光说："你要留在这里，我也给你找一块同样大的草坪。"马祖光微笑着回答说："我们中国有许多比这更美好的地方。你要是去中国，我可以给你找一块比这更漂亮的地方。"

1981年，马祖光回到祖国。回国时，他的行李除了自己的衣物外，还有四个沉甸甸的大包。打开一看，里面全是记录着各种资料的稿纸和笔记本。

不仅如此，马祖光还把省吃俭用节约下的1万多德国马克全部上交给国家。"出国的机会和钱是国家给的，我不能用国家的钱给自己买东西。"

"一个共产党员对党对祖国的爱是很具体的，具体在每一天怎样做人、做事和对待工作上""人家的条件再好，都不如把自己的国家建设好"……马祖光生前朴实的话语，是他一生做人做事的写照。

回国后的马祖光产生了一个强烈的愿望——把国内的激光研究搞上去，建一个高水平的为国家服务的研究基地。为此他鞠躬尽瘁，贡献了自己毕生的心血。

1979年6月初，本来准备随哈工大代表团访美的刘永坦由于参加英语考试成绩合格，在北京外国语学院（现北京外国语大学）短暂学习后被公派访学，登上了飞往英国的航班。此时，刘永坦43岁。

与马祖光相似，刘永坦也成为当时中国第一批享受国家出资访学的学者之一。在填报出国留学志愿时，他认真研究后，选择了英国伯明翰大学。刘永坦认为，伯明翰大学的电子系有雷达专业，正符合他在哈工大从事的专业。

在英国埃塞克斯大学和伯明翰大学进修、工作期间，刘永坦不知在实验室里度过了多少个无眠的日夜。最终，他参与了"民用海态遥感信号处理机"的重大科研项目，这次经历刷新了他对于雷达的认知。

"这是练就了'火眼金睛'的'千里眼'！中国也必须发展！"进修期满，这个念头在刘永坦心里越发强烈。

也是在这个时候，刘永坦和导师谢尔曼教授坐在灯光昏暗的咖啡厅里，谢尔曼劝说道："刘先生，你很聪明，在科学研究方面是难得的人才，你来英国仅两年就取得了如此佳绩，如果你留在这里工作，我相信你会创造出更加辉煌的成就。你才四十几岁，前途不可估量，我们这里条件好，收入也可观，英国很重视科学研究方面的人才。"

谢尔曼被人形容为一位傲慢而爱面子的学者。他几乎从未这样挽留过任何人，但让这样一个很有潜质的科学人才回到中国去发展，他又觉得可惜，只好一次次委婉地挽留。

而刘永坦仍是态度诚恳地婉拒："我们的国家出资送我们出来留学，就是希望我们学成后回去报效国家。母亲再丑、再穷，我也深深地爱着她，我的生命之根深深地扎在母亲的血脉当中……"

"我知道你要说，科学是无国籍的，但科学家是有国家的。但我想告诉你，跟你同期来的中国学生，有的已经同意留在英国了。"谢尔曼惜才，他认可刘永坦独自完成的信号处理机项目中的工程系统，"其科研成果无论在理论上还是实践上都很出色"。

刘永坦依旧像往常一样，不动声色地微微一笑："人各有志。"

1981年10月初，刘永坦踏上了回国之路。此刻，他的心中已萌生出一个宏愿——从零开始，开创中国的新体制雷达研究之路！

由此，他带领团队开始了长达40年的新体制雷达研究之路。

1953年被保送到哈工大机械系的蔡鹤皋，1979年12月作为访问学者进入美国加州大学伯克利工学院机械工程系学习。他说："国家在经济那么困难的情况下，每个月给我们400美元，支持我们到美国去学习，一定要学成回去报效祖国，不辜负祖国对我们的培养。"

然而，蔡鹤皋在美国的学习需要从很多基础的知识开始。他的第一个课题是弧焊机器人机构和控制系统的研究，可在到美国之前，他连计算机都没见过，更别说这个课题涉及计算机实时测试与控制、计算机运动学及轨迹插补、计算机接口技术等多个领域的知识。好在国外的实验条件非常先进，蔡鹤皋也在学习的过程中对计算机实时测控与制试这门技术产生了强烈的兴趣。

在两年时间里，蔡鹤皋发表的四篇学术论文引起国际学术界的关注。他的研究成果被导师纳入研究生的教学内容。在蔡鹤皋1982年启程回国时，导师董菲尔德对他说："中国人，真了不起！"

蔡鹤皋带上访学期间用从牙缝里省下的钱买的计算机，于1982年4月从美国回到哈工大，着手中国第一台弧焊机器人的研制工作。

如果说改革开放和社会主义现代化建设新时期第一批学者出国深造是乘着"科学的春风"的话，那么在往前推几十年的民国时期，在第二次世界大战及其后风云变幻的国际局势阴云笼罩下，无论面对如何艰险的境地也要回到祖国怀抱的决心和信念，更殊为难得。对于他们来说，"回国"这两个字，铿锵有力、重如千钧。

在那个全球陷于干戈扰攘的年代，这样的磁场，正遥远地与哈工大在未来几十年时间中形成的爱国、求是、团结、奋进的精神而相互辉映着。

1917年3月4日出生于北平（现北京市）的著名物理学家洪晶，从小深受那个时代爱国、进步思想和民主、科学精神的熏陶。1933年，她被保送到燕京大学物理系。本科毕业时恰逢七七事变，本想继续读研究生深造的她迫于当时形势，离京回到西安家中。1938年，她曾到西南联大做科研工作。1945年，得到出国留学机会的她辗转一月去往美国留学，于1946年6月获得应用光学硕士学位。1948年夏，洪晶再次赴美留学，攻读博士学位。

正当洪晶的博士论文研究课题紧张进行的时候，新中国成立的消息传到了美国。此时此刻，洪晶的心飞向了祖国，她听到了祖国的声声召唤，于是她加紧博士学位论文的研究工作，准备尽快归国参加到新中国的建设中来。

然而时隔不久，美国悍然发动了朝鲜战争，并将战火燃烧到我国鸭绿江边，中国随即出兵抗美援朝。大洋彼岸的洪晶和她的丈夫刘恢先听到这一消息后义愤填膺，对美国霸权主义的强盗行径深表痛恨，对祖国的拳拳爱国心被激发出来。保卫新中国、保卫刚刚诞生的社会主义政权，成为海内外每一个有良知的炎黄子孙的共同心声。

此时，虽然洪晶很快就将完成学业、顺利拿到博士学位，但她和丈夫双双作出决定：放弃国外优越的物质生活和博士学位，立即回到祖国母亲的怀抱——祖国高于一切，新中国更需要他们！

当时，美国政府千方百计扼杀新中国，限制中国高级知识分子回国，相关政策也变得更加严苛，回国的希望一度变得扑朔迷离。然而他们两人心意已决，归心似箭，在国内亲人的帮助下，破除重重阻力，辗转奔波，最终回到了广州。

1917年出生的我国老一辈著名暖通空调专家徐邦裕，因为一个偶然的机会在1936年远赴德国，并在1937年进入德国慕尼黑工业大学学习，于1941年完成该校"特许工程师"考试，被授予"特许工程师"学位。

此时，第二次世界大战已经在欧洲大陆全面爆发，战争的残酷波及在德的中国留学生。摆在徐邦裕面前有两条路：一是承认汪伪政府留在德国，一是接受美国的重金聘用。然而这两条路他都没有选择——他要回国！

在他看来，中国之所以受欺挨打，就是因为科学技术不发达，他要用自己的所学建设一个强大的中国。他的导师努塞尔特教授劝他要以自己的前途为重，要能伸能屈，从权应变，而且战事吃紧，回国会很危险。徐邦裕坚定地说："为了不失掉国籍，为了祖国的富强，我爬也要爬回自己的祖国。"

现在很多人或许已经无法体会当时他说出这句话时的决绝心态。为了从战火纷飞的欧洲战场回国,徐邦裕从德国取道奥地利,经匈牙利、罗马尼亚、土耳其、伊拉克、巴基斯坦、印度,最后从缅甸进入中国国境。一路上,他搭过货车,坐过扫雷艇,也曾在飞机轰炸、炮弹横飞中风餐露宿……

经历三个多月的艰辛危难,徐邦裕终于踏上了祖国的土地。当他闻到祖国泥土散发的芳香时,满腹的心酸再也无法抑制,他的眼睛被泪水模糊了。

经历过那段苦难岁月的人们,他们的心中往往被一种巨大的痛苦和强烈的热爱所包裹着而不自知。当他们此后来到哈工大时,他们懂得了:这种苦难与热爱,正是他们迈向闪烁着真理光芒的殿堂的必经之路。

2 苦难的童年使他淳朴的心向着光明的方向,做着后来人的先导

> 三十功名尘与土,
> 八千里路云和月。
> 莫等闲,
> 白了少年头,
> 空悲切……

光阴深处,10 岁的刘永坦用深邃的眼神看向镜头,微皱着眉头——透过一张珍贵的黑白照片,我们仿佛看到少年心中对于未知的无限渴求。

1936 年,刘永坦在江苏南京出生。1937 年,发生了惨绝人寰的南京大屠杀,幼小的刘永坦被母亲抱着,艰难地在逃难的人群中向着吉凶未卜的命运跋涉。

逃难——从南京到武汉，从宜昌到重庆，民族的苦难深深烙印在襁褓中的刘永坦身上。飞机扔下的"茄子"、深红色的江水，形成了他幼时记忆中对于"国难当头"的最初认识。他在这个时候学会的童谣是："天不怕、地不怕，就怕飞机拉屁屁！"

到了十一二岁，时局渐稳，刘永坦如饥似渴地吸吮着知识的养分，天马行空的想象在他的脑海中驰骋。他一会儿想搭梯子上天摘星，一会儿又想下海捉鳖。

一次偶然的机会，刘永坦读到几本关于爱迪生、牛顿等科学家的少年读本。他边看边想：为什么爱迪生能发明电灯，牛顿看到苹果掉落能发现万有引力，可我却什么也没发现？

彼时的刘永坦还不知道，一个充满神秘的未知世界刚刚向他打开了一扇窗。

父亲从不干涉他的志向，只一句话：科学可以救国。母亲则常常教他诵读古诗词。在昏暗的菜油灯下，她常用慈祥动人的声音诵读陆游的《示儿》、岳飞的《满江红》。"莫等闲，白了少年头，空悲切……"刘永坦至今记得，母亲每每读到这句词时激动的神情和略带颤抖的尾音。

彼时的他还不知道，这种无法言说却令人血脉偾张的情怀，就叫"家国"。

鲁迅曾说："童年的情形，便是将来的命运。"哈工大老一辈"八百壮士"，都有一段苦难的童年。乱世板荡的流离，列强欺凌的耻辱，山河血染的惨绝人寰，种种强烈的情绪汇集在他们的心中，染成了名为"家国"的底色。

黄文虎小学就读于浙江金华中学附小，没毕业就遇上抗日战争全面爆发，只好逃难回家。后来，他以同等学历升入中学，一边逃难一边读书。八年之久的中学时光，写尽颠沛流离。

当时，日本侵略军占领了城市和交通要道，但对边远乡村地区鞭长莫及，所以学校就转到乡下。但乡下的学习环境和条件异常艰苦，黄文虎和同学们住的是祠堂庙宇，头顶着一排排阴森的灵位神龛睡觉。但即使是这样的环境，在乱世中也很难保全安宁。他们几次逃难转移，以躲避日军的侵袭。家里多次为黄文虎上学准备的被褥，换一次地方丢一次，几乎都丢光了。

当时学校点桐油灯上晚课，几个同学合用一盏。桐油灯里点上两根灯芯草作为引火绳，课堂便有了唯一的光源。这种灯不太亮，烟很大，时间长了，两个鼻孔就会塞满烟垢，房屋内也被熏得黢黑一片。当时师生们都认识到国家处于危急存亡关头，前途未卜，只有坚持学好本领，才有可能拯救国难。

于是，在无数个像这样的乡村学校里，在无数个环境苦、条件差的祠堂、庙宇、茅草屋中，一代学子用高涨的学习热情点燃了他们的救国之志。黄文虎记得，时值疟疾流行，有位同学患了此病，全身寒战，裹了几床被子还冷得抖个不停。即使这样，这位同学仍然坚持背英文单词。

"存在决定意识，当时的社会现实，决定了当时的意识，当时的意识指导着当时的行为。"正是怀着这样一份为国家为民族的赤子之心，黄文虎坚持度过了颠沛流离的求学生活，为以后科技报国打下了坚实的基础。

1931 年出生的李圭白的最初记忆，同样与中华民族的苦难命运紧密相连。

李圭白是中国工程院院士、哈工大市政工程专业博士生导师。在六十多年的科学研究中，他始终致力于饮用水处理技术的研究，开创了多项国际领先水处理技术与工艺，不断将中国的城市给水排水事业推向更高台阶。

当一个生命降生在 1931 年的沈阳，他的幼年便注定不可避免地被震惊中外的九一八事变所裹挟。事变爆发整整一周后的 9 月 25 日，一个男婴在啼哭声中降生在沈阳的一个知识分子家庭里，这就是李圭白。

当沈阳的街道变成一条人潮组成的缓慢流淌的河流的时候，背井离乡的李圭白一家从沈阳一路跋涉到南京，把家安在了南京的中山大道。然而七七事变之后，日军一路长驱直下，南京形势危急，全家又从南京逃到父亲的祖籍地河南偃师，后来在"花园口决堤"①之后，全家又从偃师逃到陕西汉中。

然而汉中绝非乱世中的净土。直至李圭白在1943年小学毕业后离开汉中为止，日军从来没有停止过对汉中的轰炸。他后来回忆说："那期间，我经常看到同胞这个被炸死，那个被炸伤，炸得血肉横飞。飞机场旁边有个城墙，城墙下面就有防空洞。有的炸弹落到防空洞附近爆炸，炸伤、炸死了很多老百姓。把人炸飞了，半个胳膊、半个腿和一块块血肉模糊的肉，连着血丝，就飞上半空，再摔到地上……那个惨啊！当时心里仇恨日本人，恨不得把日本飞机打下来。"②

一颗种子在李圭白的内心不可抑制地扎下了根脉。有一阵风来、一场雨下，这颗种子就会破土而出，生出倔强的芽。

1943年，时机到来。小学毕业的这年暑假，位于四川省灌县（今都江堰市）的空军幼年学校（空幼）来汉中招生，李圭白参加招生考试，经过严格筛选的他被空幼录取。1949年，李圭白从空幼毕业，但因家中条件拮据，他只得回家在一家药铺当了店员。直到新中国成立以后，他才辗转赴京赶考，报考了哈工大土木系，成为新中国成立后的第一批大学生。

中国核动力事业的开拓者和奠基人之一、我国核潜艇第一任总设计师、中国工程院院士、哈工大校友彭士禄的名字，一度是国家机密，后来他的事

---

① 花园口决堤：1938年6月，侵华日军占领徐州，直逼武汉。为阻挡日军铁蹄，6月9日，国民党军经蒋介石批准，炸开郑州以北的花园口黄河大堤，以水代兵。致使黄河改道南流，一泻千里，历时9年之久。这场灾难波及豫、皖、苏3省44县（市），共计29万平方千米，使1200万人受灾，390万人流离失所，89万人死亡，"黄泛区"震惊世界。
② 陶丹梅、崔福义、梁恒编著：《净水人生——李圭白传》，中国建筑工业出版社2020年版，第13页。

迹开始逐渐为外界所知。出生于1925年的彭士禄，他的童年也曾被常人难以想象的苦难所笼罩。

彭士禄的父亲彭湃，是中国共产党老一辈无产阶级革命家、中国农民革命运动先导者、著名的海陆丰苏维埃政权创始人。1922年，彭湃只身走进农村、了解农民疾苦、组织农民起来、开展农民运动。他撰写的《海丰农民运动》一书，成为从事农民运动的必读书，他也被誉为"农民运动大王"。1929年8月，彭湃因叛徒出卖被捕，被关押在上海龙华监狱。在狱中，他坚贞不屈，英勇斗争。当年8月30日，彭湃与战友杨殷、颜昌颐、邢士贞四人高唱《国际歌》，呼喊着"打倒帝国主义""中国红军万岁""中国共产党万岁"等口号壮烈牺牲，年仅33岁。[1]

特殊的成长经历，造就了彭士禄对国家和人民的深厚感情。彭士禄曾说，活着能热爱祖国，忠于祖国，为祖国的富强而献身，足矣！

为了躲避国民党的"斩草除根"，党组织安排彭士禄辗转到二十多户百姓家里寄养。8岁时，由于叛徒出卖，彭士禄被捕入狱。在地下党组织的帮助下，他被祖母认领出狱。出狱后，由于生计无着，他又沦为"小乞丐"……直至1940年，周恩来找到彭士禄，并把他送到延安，他的命运至此发生转变。

为弯扭叶片的研究付出大半生心血的"红色院士"王仲奇，出生在抗日战争硝烟笼罩下的河北省唐县。

由于家庭贫困，王仲奇在农忙时去给地主打短工，冬闲时背着竹筐捡拾煤渣，挑着扁担卖菜，还从家乡到北京来回跑"小买卖"。在这样为生计奔波的年岁里，王仲奇的个头渐渐长高了，却没学到什么文化知识。

1946年，回乡探亲的姐姐王昆看到弟弟生活如此凄苦，便带着弟弟跋

---

[1] 毛鑫：《彭湃：焚田契闹革命的"农民运动大王"》，新华社2021年5月8日电。

涉来到当时解放区中唯一的大城市张家口。在姐姐的帮助下，王仲奇拿着组织介绍信，走进张家口市立中学的校门。在这期间，他不仅学习了数理化，还学会了很多革命道理。正是战争年代战火纷飞、颠沛流离、艰难求学的三年，在王仲奇幼小的心灵里埋下了吃苦耐劳、发奋图强、自强不息的种子，也促成他在1949年以优异的成绩和出色的表现被保送到哈工大预科班学习，成为新中国的第一批大学生。那年，王仲奇17岁。

身处山河破碎的年代，举目四望，满是扶老携幼、负重远行之情状。然而，饱受苦难的哈工大老一辈"八百壮士"的内心并不为这愁云惨雾感到彷徨，而是怀着永久的憧憬与追求，发出绝唱般的呐喊。一个朦胧的志向在他们的心头逐渐变得清晰起来——为改变祖国的落后面貌而读书，要教育救国、科学救国！

这绝唱，一如由西南联大两位教授冯友兰、罗庸用"满江红"词牌填词的西南联大校歌《满江红》里激昂的旋律："千秋耻，终当雪。中兴业，须人杰。便一成三户，壮怀难折。多难殷忧新国运，动心忍性希前哲。待驱除仇寇，复神京，还燕碣。"

离乱中，不坠青云之志。这首歌唱出的是一种属于中国的力量，这力量就存在于那四万万不愿做奴隶的同胞的血肉之躯中，刻印于知识分子的精神血脉之中。这力量也最终促使着哈工大的"八百壮士"用自己毕生的奋斗修复着他们幼时破碎的山河。

中国工程院院士沈世钊说："哈工大'八百壮士'大多出生于20世纪二三十年代，成长于战火硝烟中，经历过颠沛流离，深知国仇家恨。直到新中国的曙光升起，随着一声令下，他们毫不犹豫，把对祖国的满腔热忱和大好青春，全都献给了哈工大，献给了共和国的工业化事业……在他们心中，振兴国家就是最重要的抱负。"

刘永坦说："我们那代知识分子都是这样，只想为国家做点事，国家的需要就是我们的需要，国家的需要就是我们个人的追求。"

王光远说:"我心里只有一个愿望,那就是科学救国、教育救国!这种思想贯穿了我的一生,我的一切工作都是为了这个目的。"

一颗颗种子,在新中国的阳光沐浴下,茁壮成长着。此后,无论经历怎样的风雨,哈工大"八百壮士"都不忘脚下承载着他们的土壤,不忘头顶滋养着他们的阳光,沿着一条教育报国、科研报国的路矢志不渝地朝前走。一处处个体的足迹,汇成了"手中有个纽扣,就想着如何为国家做件大衣"的一条哈工大特色鲜明的报国之路。

正如现任哈工大校长韩杰才所说:"哈工大人这种'手中有一颗纽扣,就想着、就敢为国家造一件大衣'的担当精神和胆识魄力,支持着哈工大面对国家重大战略急需义无反顾、冲锋在前,靠为国家作出贡献赢得了国家的持续重点支持。"

3 每一次选择都是初心使然

20世纪50年代,是哈工大发展历程中的一个重要节点,这不仅是学校整体战略的转移,同样也关系到一位位师生的选择。

历史长河滔滔向前,往往在一些最重要的节点上激起绚丽的浪花,记录下真实的历史图景。

曾经的"老土木楼"、如今的哈工大博物馆,当它敞开大门,来自天南海北的参观者进入这里,这座曾经的教学楼便被从哈工大历史长河的母体中剥离出来,变成一段段"浪花"的标本。来往的参观者则通过里面的一件件藏品拼凑着历史的碎片。

1958年,邓小平视察哈工大,提出"大厂大校要关心国家命运",并指示哈工大要"搞尖端"。为了适应国家建设的需要，学校在专业设置上作出了重大调整。

新的问题随之产生：无线电工程、自动控制、计算机、光学仪器等新设专业并没有成熟的师资，白手起家筹建专业困难重重。

此时的李昌采取的办法是：从本校青年教师和高年级学生中选拔英才，多渠道培养新设专业师资。学校随即选派一批青年教师赴苏进修或攻读学位，其中包括陈熙琛、冯纯伯、雷廷权、汪仁澍和征得水电部同意送往哈工大培养的范崇惠等人；由电机系主任吴存亚带队，选派刚从南京工学院分配来的助教张乃通等人去清华大学进修并筹建无线电工程专业，同时还从电机系选二年级优秀学生刘永坦等人进无线电系插班代培；征得苏联专家组组长同意，请具有自动控制、陀螺仪器专长的工业企业自动化专家指导筹建自动控制专业；请熟悉计算机专业的仪器制造工艺专家指导吴忠明、李仲荣两位青年教师开设计算机课程；选派穆英等青年教师和"小教师"赴上海光学仪器厂边实习边筹建光学仪器专业。

从现在回看六十多年前的这场布局，我们发现李昌的战略性、前瞻性思维着实令人感佩。他或许也没有预料到，当历史的车轮再走过一两年，便是中苏关系开始恶化的时刻。到那时再想开设新的专业，无疑将会花费更巨大的精力与成本。

苏联专家撤走以后，哈工大此前选派的师资立即顶上重要岗位：有的迅速从苏联回国担负重任，在中国科学院、北京大学、吉林大学等学校进修的学生也如期返校。一支年轻的高科技人才队伍很快集结起来，直至1962年，学校一批新专业的设置，"为中国的原子能、航天事业的发展构建了重要的基础"[①]。

在这一阶段的故事中，我们看到了两个前文多次提到的熟悉的名字：雷

---

① 周士元：《踏遍青山不觉累：李昌传》，哈尔滨工业大学出版社2009年版，第215页。

廷权、刘永坦。

1955年，为发展钢铁事业，党和国家从全国高校中推荐出一批年轻骨干来到北京钢铁工业学院（北京科技大学的前身）参加为期两个月的研究生班的学习，在哈工大金属材料及热处理专业教研室任教的雷廷权便在其中。之后因为成绩优异，他于1956年被选派赴莫斯科钢铁学院进修，攻读副博士学位。在那里，他很快注意到苏联金属材料界正在研究形变热处理问题，但当时研究进展缓慢，其他国家也没有研究透彻，于是热处理就成为雷廷权关注的方向。

1959年，中苏关系破裂，1960年，在中国的苏联专家全部撤回。1960年，回国后的雷廷权任教研室主任。就这样，从1951年来到哈工大进修，到前往北京学习，再到赴苏联留学后回国，雷廷权始终以哈工大学科建设需求为自己的研究方向，始终瞄准专业学术前沿。在那个没有技术、没有经费、没有援助、没有科研设备的条件下，雷廷权大力倡导在国内进行形变热处理研究，并基于自己的留学经历提出创建"东方乌拉尔学派"的发展目标——哈工大的材料研究必须自成一派，让哈工大的材料专业在全国、在国际上发出声音。

视线转向1958年9月，刘永坦赴清华大学学习期满，回到哈工大参与筹建无线电系。

刚回到学校，刘永坦和同事们就投入紧张的创建无线电系的工作当中，同时他还承担着教学任务。当时，新招来的无线电系新生，大多是从其他系转过来的，对无线电知识并不熟悉，老师得从无线电的基础理论课程给他们补起。即使是已学有所成的刘永坦，登上讲台也有力不从心的感觉，觉得自己的知识储备远远不够，他只能一边学习一边教课。

1959年底，刘永坦又被学校派往成都电讯工程学院（电子科技大学的前身）进修。通过进修期间学习和给学生讲课、向其他老师请教，刘永坦进一步积累了专业知识。在回到学校后，刘永坦调到了刚刚起步的雷达专业，并在查阅大量资料的基础上，编出一套雷达原理及信息论的教学大纲，令学生们感到耳目一新。而他对学术前沿方向敏锐的洞察力，也驱使着他向着专业的高地发起冲锋。

回望过去的岁月，哈工大"八百壮士"面向世界科技前沿、面向国家重大需求的价值取向，成为闪耀在他们身上的一种光芒，这种光芒并没有因为时间的流逝而黯淡，反而因为时间而积淀得更纯粹、更醇香。

在祖国建设最困难的时候，"八百壮士"挺起了精神的脊梁，在民族复兴的伟大进程中，他们又扛起了科教兴国的重任。他们也有个人的爱好与专业发展，但是他们选择根据国家的需要、组织的安排，一次次重新出发，一次次另起炉灶，为国家、为人民作出了卓越的贡献。

谈到这些，我们绕不开新中国哈工大的第一位华人专业教师，也就是我们在前文提到过的 1949 年哈工大在清华大学招聘时唯一一位应聘者陈雨波。

1941 年，陈雨波考入西南联大工学院学习，毕业后任教于清华大学。1949 年 8 月，陈雨波来到哈工大后，便开始从事钢结构教学和科研相关工作。1952 年，学校把建机械楼、第二学生宿舍和镜泊湖疗养所这 3 项繁重的设计任务交给了 30 岁的陈雨波，将他调出土木系，并任命他为基建设计室主任。

从组建队伍、协调关系到把控设计进度，面对人员少、任务重的困难，陈雨波把 3 个项目安排得井井有条、顺利推进。这成为陈雨波接受的第一个教学之外的试炼。此后，陈雨波先后被调任土木系副主任、教务长助理、教务处副处长。

1959 年 4 月，哈工大土木系扩建为哈尔滨建筑工程学院，陈雨波又一次服从组织安排，离开哈工大前去赴任。

从教学转行政，再重新执教，尔后再转向行政工作，岁月更迭，几经变换，变的是身份，不变的是对党、对国家的赤子之心。1982 年，在哈尔滨建筑工程学院发展的关键时刻，陈雨波被国务院任命为院长，1983 年 8 月又被任命为党委书记兼院长，陈雨波以坚定的教育信仰和博大胸怀一次次听从调任。

从1959年赴任，到1986年从领导岗位退下来，陈雨波亲历了哈工大土木系的发展壮大，更为哈建工的发展作出了巨大的贡献。他说："这27年，我经受了一次次的大风大浪，无数次的挫折和失败，又为每一次获得的成就而欢欣鼓舞，虽取得了一定的成绩，但也有遗憾。这些成绩与前任领导打下的基础和广大教职工的努力是分不开的。"

1994年，哈尔滨建筑工程学院更名为哈尔滨建筑大学，在中国建筑领域享有很高的声誉，被公认为我国建筑业和建筑科技教育界培养高层次人才的主要基地。陈雨波虽然没有值得炫耀的亲传弟子，但社会对这所学校的极高评价就是他的骄傲；他虽没有在专业领域著书立说，但载入史册的却是他"为草作兰，为木当松"的奉献境界。

1949年，时任哈工大校长冯仲云在清华大学招聘了陈雨波，1950年，陈雨波随着"东北招聘团"南下，招聘来了前文提到过的黄文虎。

黄文虎是国家力学和振动事业专家，他的人生也和他的专业一样不断在"振动"中向高峰攀登。

1950年，黄文虎来到哈工大师资研究班。因学校改造和扩建，急需基础课师资，他服从分配改换专业，向苏联专家学习理论力学，专攻力学和振动，从此与祖国的力学和振动事业结下了不解之缘，也开启了与哈工大风雨同舟近60年的美好时光。

1954年，黄文虎毕业后留校，任教期间不仅积极参与教学改革、院系调整，建设新专业核心课程，还组织教学、研究教学方法，很快在教师中脱颖而出，挑起了哈工大工程力学系副主任的担子。

20世纪70年代初，黄文虎为哈尔滨汽轮机厂解决了当时我国最大容量的60千瓦汽轮机整圈连接叶片组振动设计的难题。他提出的汽轮机整圈连接长叶片组振动设计的新方法和叶片组调频的"三重点"理论，解决了我国自行设计大容量汽轮机中的一个技术关键性疑难问题，填补了我国汽轮机长叶片振动计算的空白，在国际上也得到了公认，被选登在具有国际权威影响力的《美国航空航天学会学报》上。

1981年，这位从事教学和科研工作的学者走上哈工大副校长的领导岗位，两年后被任命为校长。他缩减了以往从事专业研究工作的时间，唯一的心愿就是在前任校领导工作的基础上，尽快抚平哈工大"南迁北返"所经受的历史创伤，使哈工大恢复元气，快速发展。

然而，在这位校长的领导才能和踏实干劲获得各方面的肯定和赞许之际，他却急流勇退，毅然辞去校长职务，把"帅印"让给更加有为的年轻人，自己则回到实验室，重新投入他心爱的教育、科研事业中。

在此前设备故障诊断领域的研究基础上，黄文虎把目光投向更加高远而深邃的太空领域和我国的航天事业，把故障诊断与航天领域相结合。1994年至1996年，在当时"神舟"系列飞船还没有完整的故障诊断系统方案的情况下，凭着多年在民用系统故障诊断方面的丰富经验和对相关领域国际先进经验的充分了解，以黄文虎为首的哈工大动力学与控制研究所，向飞船总体设计部门提交了载人飞船"故障诊断"系统的论证方案，受到了航天科技集团五院的高度评价。

最终，用了近三年时间，黄文虎等课题组成员经过不懈努力，完成了"飞船船载故障诊断技术研究"和"飞船地面故障诊断技术研究"的科研任务，这些成果分别获航天工业公司和航天部科技进步三等奖。

"国家有需要，作为热血青年，当然是义不容辞。"当年"小教师"的肺腑之言，映照了这位大先生科技报国的一生。而作为在高压电器、电力电子、模式识别三个不同领域默默耕耘70载的徐近需，他对自己人生选择的感受更加真切："我这一生最大的特点就是变，总是变，一直要开辟新的方向，一直在适应时代变化。"

1932年出生于浙江宁波的徐近霈经受了抗日战争时全家人颠沛流离的生活，从小在内心深处萌发了"民族要复兴，中国要富强"的强烈愿望。

1953年，徐近霈考入哈工大电机系师资研究班，1956年毕业后留校任教。1954年，还在读研究生的徐近霈参与了张冠生领导的电器专业的创建，使哈工大成为国内最早设立此专业的学校之一。

1962年，由于国家需求，电器专业的发展方向也需要跟上这一步伐。面对突如其来的挑战，徐近霈迎难而上，挑起大梁。在他和同事们的共同努力下，他们在20世纪70年代转向电力电子这一新方向，开始从事变频电源研究。在这期间，他们团队的研究成果先后获1978年黑龙江省科技大会优秀科技奖、1979年黑龙江省科技二等奖等奖项。

1979年，一个偶然的机会，让徐近霈再一次"半路出家"，在年近半百之际重新启程。这一次，他选择了一个全新的领域和方向，这就是人工智能。他认为这一全新领域将是国家未来科技发展的重要需求，将在未来信息社会中占有重要位置。

1980年9月，信息处理和模式识别（后更名为模式识别与智能系统）专业正式成立，并首批设立模式识别与智能控制硕士点。1981年，徐近霈编著了极具前瞻性的学科首批教材之一《模式识别》，这一教材一直沿用了10年。1986年，徐近霈作为主要申报人之一，成功申报以"声图文计算机智能界面"为重点的"计算机应用"博士点，为哈工大在国内人工智能领域的地位奠定了基础。

20世纪80年代到90年代期间，徐近霈带领课题组完成的国内第一个"微型机语音识别系统"在中国第一届计算机应用展览会上引发国内外巨大反响；"汉语文本读入系统"项目获航天部科技进步二等奖。

值得一提的是，从20世纪90年代中期开始，徐近霈敏锐地认识到未来影响语音识别技术应用的瓶颈之一是环境噪声的影响，因此在国内较早地开始了噪声背景下语音识别研究工作。他带领团队在国内首次完成"高噪声背

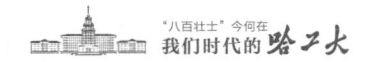

景下命令语音系统"和国家"863"项目"电话语音识别和自动会话系统"等，先后获得5项省部级以上奖励，为哈工大在国内语音研究领域占得一席之地。

从教一生，三度开路。不管工作怎样变化、身份怎样变化，不变的是精神的传承，不变的是赤子之心，不变的是家国情怀。

"国家的需求就是我们的第一选择。"精密测量与仪器工程专家谭久彬院士团队这样认为。他们为了国家的需要，通宵达旦地工作，最紧张时实验室里有10多卷行李卷，大家一住就是43天。

"想国家之所想，急国家之所急，始终是哈工大人心头的责任。"任南琪院士带领着他的城市水资源与水环境国家重点实验室，为我国水质安全保障及废水资源化、能源化作出了重大贡献。

"科研方向的选择是科学研究的战略性抉择，既要符合学科发展的需要，更要符合国家的需要。"王光远做研究时从不会跟风。他告诫学生们，选择的科研方向一定要代表学科的发展方向，"是一个正在发展并将要大发展的方向"。

正如熊四皓所说，长期以来，学校党委始终坚持抓住国家发展建设的主要矛盾，始终把"党和国家的需要"作为科研工作的出发点，引领一代代哈工大"八百壮士"聚焦"国之大者"、践行"国之大者"，靠为国家解决重大战略急需，才赢得了国家持续的发展建设支持，才能够始终位居全国重点建设高校行列，这也塑造了哈工大"八百壮士""扎根东北、爱国奉献、艰苦创业"的红色基因和文化底蕴。

将家国情怀和奋斗激情注入教书育人中，将个人理想追求融入波澜壮阔的国家和民族事业中，是老一辈"八百壮士"的血脉传承。"八百壮士"把他们的爱国情怀体现到了具体的科研工作上，体现在"传道、授业、解惑"的三尺讲台上，取得了一个个令世界瞩目的科研成果，解决了一个个卡脖子问题，培养了一批批优秀学子，实现了他们科学救国、教育救国、报效祖国的夙愿。

4 不忍卒读的历史一页

冬日的"冰城"哈尔滨索菲亚广场上，索菲亚教堂的墨绿色"洋葱头"穹顶覆上一层白雪，雪霁后的阳光给教堂洒下一片梦幻般的光泽。如果向着教堂的外墙凝神注目，会发现那砖墙上的纹路仿佛还留存着岁月刻刀的印记，它时时提醒着我们，那段革命的热血沸腾的岁月，永远以清晰的面目刻在这里。

九十多年前，也是在这样寒风飒飒的日子里，也是在这座塔尖高耸的教堂里，当各国侨民穿梭其间的时候，我们党的地下工作者在忏悔室里秘密和同志接头，传递着重要情报。这样的一幕，被 2008 年 8 月播出的电视剧《夜幕下的哈尔滨》忠实地记录了下来，引起观众追剧热潮。就在电视剧热播之时，网上有人曝出"该剧中主人公王一民的原型之一，是新中国城市规划界的泰斗级人物任震英"。随后，网友纷纷询问，谁是任震英？

一个简单的问题，牵引出哈工大人在抗战岁月中的红色传奇。

时间回到 20 世纪二三十年代的哈尔滨，各方势力暗战的舞台。早在九一八事变之前，日本就瞄准了这座异域风情浓厚、各国政商人士往来的都市，建立了哈尔滨特务机关，以侵华防苏为目的展开特务活动。1932 年，日本见苏联对九一八事变持绥靖态度，便开始向反日气氛浓厚的"北满特别区"进行侵略。2 月 5 日，日本占领了哈尔滨。3 月，"伪满洲国"成立，哈尔滨加入"伪满洲国"。

就在此时，一份传单被秘密散发到哈尔滨市的大街小巷、工厂学校——

九一八事变起满洲，

我满洲变成殖民地。

日本强盗，率同走狗，

造成傀儡国，

屠杀人民，遍地烽火！

人民死无数，人民死无数，

群众起来，复此大仇。

上前呀，上前呀，

打倒伪国；

除强盗，杀走狗，

还我山河。

建立人民自立政府，

工农联合解放自由！

这是根据"伪满洲国"的"国歌"改编而成的歌词，既是高昂的爱国热情的表达，也是针锋相对的战歌。这份歌词的传单到处流传，很快传到游击区，在战士和人民群众中传唱，成为鼓舞东北同胞报仇雪耻的响亮号角。而执笔创作这一"号角"的，正是哈工大学生任震英。

1913年，任震英出生于阿城一位教师家庭里。1932年，任震英考入哈工大建筑学专业。哈工大作为"工程师的摇篮"早已为人所熟知，但它同时也是一所具有光荣革命传统和红色基因的高等学府。在我国东北遭受日本帝国主义蹂躏的岁月里，广大师生在中国共产党的领导下有组织地参加了各种革命活动，为中华民族的解放事业作出了积极的贡献。而任震英正是他们当中的一位代表人物。

第三章
底色:"手中有个纽扣,就想着如何为国家做件大衣"

早在1925年,在当时哈工大的前身哈尔滨中俄工业学校的学生中,已经有了中共地下党员。当年,中共北方区执行委员会派吴丽实(吴荟生)来哈尔滨整顿、发展党组织。吴丽实看中了哈工大铁路建筑系的学生吴宝泰。和他接触后,吴丽实经常给他讲一些革命道理,宣传马列主义,介绍苏联革命和建设情况,以及中国国内革命形势。在吴丽实的影响下,吴宝泰对中国共产党逐渐有了认识,并产生了加入中国共产党的愿望。

1925年9月,经吴丽实介绍,吴宝泰正式入党。这样,吴宝泰就成为哈工大第一位中国共产党党员。

同年10月,经吴宝泰介绍,学生高诚儒加入了中国共产党。1933年,高诚儒又介绍任震英入党。入党后,任震英成为中共满洲省委地下党交通员,同时也成了赵尚志部队驻哈尔滨联络员。

在从事地下党活动过程中,任震英与哈尔滨市道里马街小学老师侯竹友交上了朋友,成了侯家的常客。年轻的侯竹友留着齐刘海,戴着一副圆形眼镜,颇有书卷气质。侯竹友的父亲侯传薪则是当时中东铁路局警务处的秘书长。侯老先生为人忠厚,十分开明,有强烈的民族自尊心和爱国热情。在侯老先生的积极支持下,任震英把侯家变成了地下党的联络站,他的主要任务是接送和掩护同志、存放和散发传单、购置和募集药品、召开秘密会议等。

在哈工大博物馆光荣革命传统展厅中,有一张任震英和当时的未婚妻侯竹友在一棵树下的合照。在这张黑白照片中,两人进行了乔装:任震英变身阔少,腋下夹一个手提包,侯竹友变身富家小姐,素色长裙在风中舞动。

当时,在哈尔滨市道里区有一个卫斯理教堂,"阔少"任震英和"富家小姐"侯竹友手挽着手进入教堂,一边假装祈祷,一边等待着接头的同志。突然,一个瘦高个子出现在他们身边,一晃神的工夫,一包宣传资料就交到任震英的手中。当然,这包宣传资料在《圣经》的外表下被掩护得很好。通过这种方式,在华丽外衣掩盖下的传单或情报交接工作就顺利完成了。同时,任震英、侯竹友还积极接送和掩护革命同志,其中就包括同为哈工大学生的黄铁城。

　　黄铁城于1929年考入哈工大，1933年加入中国共产党，经常和任震英一起进行地下活动。在前文提到的"伪满洲国""国歌"改写完成后，黄铁城和任震英、侯竹友一起在侯家连夜用不同笔体刻印大量歌词，第二天就在三十六棚（铁路工厂）、电车厂、电影院和学校中散发，之后在广大战士和人民群众中传唱开来，大大激发了人们的爱国热情。

　　在那个年代，想要团结工人和学生抗日、鼓舞民众的抗日热情，散发传单是一种常见的方式。但如何让传单发挥更大的作用而又不使自己暴露于敌人的视线之下，则考验着地下党员们的智慧。

　　刚开始撒传单、贴标语的时候，黄铁城的心里也有些畏怯，因为日本宪兵、伪满警察和一些便衣特务总会"像一群无头苍蝇乱冲乱撞"[①]。渐渐地，他的胆子大了起来，撒传单、贴标语时，总会感到一阵狂喜像电流般涌遍全身。

　　根据黄铁城和任震英他们调查了解，哈尔滨道里制鞋厂工人觉悟较高，群众基础较好。接下来，谍战剧里常常上演的一幕紧张情节就在这里发生了——这天下午6点，正是工人下班的时候。黄铁城在离道里制鞋厂厂门约百米的地方，故意把一只电灯泡往地下用力一摔。一声巨响之后，很多人立即聚拢过来，黄铁城简明扼要地讲了一番抗日救国的道理之后，把手中的传单向空中一撒，那传单就争先恐后地随风飞舞起来。当工人抢传单的一瞬间，黄铁城离开现场，成功脱身。在不远的地方，任震英等着接应他。黄铁城马上脱下大褂，换上学生制服，两人一起躲进了侯竹友家中，一场"飞行集会活动"宣告胜利。

　　1934年4月，黄铁城代表学生到上海参加反日反帝大同盟会议。当时，组织上让他化名黄德民，打扮成杂货铺的小伙计。于是黄铁城买了一套对襟

[①] 黄铁城：《一个幸存者的自述》，陕西人民教育出版社1999年版，第23页。

旧布蓝褂蓝裤，把长发剪成了平头，又去了解了各种精细杂货的行情。可从上海回哈尔滨后，黄铁城已成为日本宪兵搜捕的重点对象。根据党组织决定，他和另一名地下党员被派到珠河游击区。护送他们前往的，也是任震英和侯竹友。

在走上光荣的抗日武装道路的时候，黄铁城心情非常激动，挥笔疾书，写下了"壮士不当亡国奴"的诗篇——

中华赤子有何辜，
暴日争城任意屠。
忧国忧民流血泪，
救亡杀敌掷头颅。
男儿宁做沙场鬼，
壮士不当亡国奴。
革命诸君应彻底，
热心不在口狂呼。[1]

从此，黄铁城脱下了学生装，满怀壮志地踏上了新的征途。一个学习优秀、充满爱国热忱的知识分子、中共地下党员，开始了漫长的戎马生涯。当时，黄铁城仅有 23 岁。

1941 年 6 月 21 日，黄铁城在前往苏联汇报工作途中于密山不幸被捕，当即被押送到密山拘留所，审讯刚开始就被往嘴里灌凉水、灌煤油，用竹剑劈头盖脸地打，还有一次审讯时被敌人"用竹剑往我脚上猛扎，当即扎掉了我右脚大拇指的指甲盖"[2]，可黄铁城始终咬紧牙关、严守秘密，让敌人一无

---

[1] 黄铁城：《一个幸存者的自述》，陕西人民教育出版社 1999 年版，第 27 页。
[2] 黄铁城：《一个幸存者的自述》，陕西人民教育出版社 1999 年版，第 65 页。

所获。此后，黄铁城被日本当时设在大连的地方法院判了五年徒刑。

1942年2月，黄铁城和其他被捕的同志从大连关东州特高科拘留所被转往岭前大连日本地方法院拘留所，后又被押送到旅顺监狱。在狱中，黄铁城经受了百般折磨，身体极度虚弱，但始终坚强不屈。

在黄铁城著的《一个幸存者的自述》一书中，有一段对侵华日军监视犯人劳动时所施刑罚的描写，读之令人心惊："十二工厂责任看守名叫田中[①]，他坐在监视台上监视犯人劳动，他的桌子上放着竹条，发现不遵守规定的，记在小本上，收工时把犯人留下，扒下衣裤，嘴里堵上湿毛巾，看守站在两旁，用竹条抽打，直打得皮开肉绽，拖回牢房。竹条是特制的，内夹铅板，外用麻绳缠起来，这是根据日本特别法令，对中国人特定实施笞刑。犯人都叫它'打条子'。竹条分量不等，打人条数也不等，有三十、六十、九十条子等，挨六十条、九十条的，分两次、三次打，一次三十条，人就皮开肉绽，等长出嫩肉后再打三十条。受笞刑的人，夏天常常伤口腐烂生蛆。"

是对革命怎样坚强如铁的信仰，才能承受得住这样泯灭人性的刑罚？在黄铁城的笔下，敌人在暗室里对在押中国人尤其是抗日志士和爱国同胞的残暴刑罚被暴露于光天化日之下，仿佛读到上面每个字的时候，那个字就会像勾着我们的心一般生疼。然而，黄铁城抱定革命的决心，渴盼着黎明的到来。

直到1945年8月25日苏联红军解放大连时，黄铁城才脱离虎口，重见天日。当时，黄铁城躺在暂住的上沟旅顺公学堂的书桌上，一夜未眠。

视线再转回在哈工大从事地下活动的任震英。

1937年初，任震英以优异成绩取得哈工大毕业证书，并被授予工程师学位，即将离校。有一天，日本宪兵队突然包围了哈工大中国学生宿舍，将

[①] 这段话的原文为"十二工厂责任看名叫守田中"，疑为编辑讹误。

苏丕承等地下党员抓走。当时同样身在宿舍的任震英穿着睡衣、拖鞋下楼洗脸，在楼梯上与日本宪兵队擦肩而过，未引起敌人注意。离开宿舍后，任震英来到侯竹友家里。这时上级通知："任、侯立即转移南下。"

于是，任震英和侯竹友化装成新婚夫妇来到当时的北平。同年6月22日，两人在西单举行了基督教仪式的婚礼，用宗教仪式婚礼掩人耳目，迷惑敌人。

在北平期间，为掩护哈工大地下党员王克敏安全转移，任震英被日本宪兵逮捕入狱。当敌人审讯他时，他大段大段地背诵《圣经》，以此对付敌人。他背诵《马太福音》中的一段话，坦然自若地说："我劝你也要信耶稣。"敌人气急败坏地恐吓他，他却毫无惧色，一字不差地继续背诵《圣经》，接着说："如果今天耶稣要收回我的灵魂，他会借你的手杀了我，那我就早一天见到耶稣。否则上帝就会像保护先知老约翰一样保护我。"愚蠢的敌人看到他虔诚的样子不禁哈哈大笑起来。由于找不到任何证据，敌人不得不释放了他。

之后，在同志们的安排下，任震英、侯竹友从北京抵达西安。1937年12月，两人按党组织指示来到兰州继续从事地下党工作，直到兰州解放。

新中国成立后，任震英一直从事城市规划工作并取得显著成就。1950年到1952年的三年恢复时期，任震英领导并进行了全市性的大地测绘以及有关兰州自然条件、经济和社会状况等方面的基础资料的调查收集、分析和研究工作。他和同志们一起走遍了兰州的每一个角落，细致地进行调查研究和测绘，拿到了可靠的第一手资料，并培训城市规划和城市建设人才，为新兰州的建设奠定了基础。

1954年11月，国务院正式批准任震英主持编制的"兰州市1954—1974年总体规划"，这是新中国成立后我国政府批准的第一个城市规划。

1980年，67岁的任震英出任兰州市副市长；1990年，77岁的任震英赴京参加全国设计工作会议。大会授予他"中华人民共和国工程（城市规划）

设计大师"荣誉称号,并颁发荣誉证书和金质奖牌。任震英也成为我国城市规划领域中获得"全国设计大师"称号的第一人。

走进哈工大博物馆的光荣革命传统展厅,一张张老照片和一件件珍贵文物,映照出哈工大学子在反帝救国运动中的身影。

从哈尔滨最早的学生进步团体"群进社"宣传爱国思想,到1929年入学的电二班中国学生创办《电汽机》留下抗日救国的火种,再到参加东北抗日救国会的哈工大学生刘丹华等人用大米汤抄写抗联传单以蒙蔽敌人,哈工大人在硝烟中英勇不屈与日寇作斗争的事迹,如同一个大写的人字,一撇一捺地在白山黑水的土地上书写。

在这些展陈中,有一个展柜里存放的特别文物的复制品让人驻足良久——9本破旧、泛黄并已风化得掉"渣"的书。

这些书一看就是老物件。它们是右开本,书脊在右边,阅读时书页向右翻。这些书的封面上印着的"资本论"等字眼依然清晰可见。历经沧桑和坎坷后,它们默默地向前来博物馆的参观者讲述着八十多年前一段关于"赤色禁书"的往事。

1939年,高方(原名张德邻)考入哈工大,在化学科学习。当时,虽然受到日伪当局的严密监管,但高方和一些进步青年仍然积极参加抗日宣传活动。1940年,他参加了一个被日伪特务称为"左翼读书会"的"青年抗日革命组织"。那时与高方同寝室的都是中国学生,一些进步书籍都放在他那里,由他保管。为了宣传进步思想,同住一个房间的高方和王进甲、关山(原名关树德)、杨钟信等同学在夜深人静时,还曾聚到房间里,刻钢板、印刷、翻印带有重要政治理论色彩的书籍。这些书在同学中引起了强烈反响,激励同学们加入抗日斗争的行列。

1941年,高方在哈尔滨接触到共产党地下组织的一位领导人史履升,并参加了抗联地下组织"北满执委部"。该组织在哈尔滨成立了85组,由高方任组长。当时,高方他们传阅、学习"北满执委部"发来的文件,并积极发展进步同志，扩大组织。哈尔滨 85 组成立后，长春又成立了 85 组一分组，高方还计划由关山、王进甲和辛起等几位同学联合其他几所大学的同学建立哈工大分组。

当时，东北抗日联军的战斗进入了最艰苦的阶段，日本宪兵队在全东北进行大逮捕。在哈工大分组建立前的 1941 年 11 月 12 日，高方等人就被日本宪兵逮捕。第二天，与高方同寝的杨钟信得到消息后，立即通知了关山。为避免敌人搜查出"罪证"，防止违禁的进步革命书籍落入敌人手里，加重高方的罪名，他们决定立即把其他违禁物品烧毁或隐藏起来。当时，杨钟信趁其他同学不在时，悄悄从高方的行李和皮箱中翻出一些机密文件、抗联的油印小册子和一些"赤色禁书"交由关山转移。关山把《八路军政治工作条例》《论游击战争》《救亡歌曲集》等文件和宣传品烧毁。为了保存革命火种，他冒着坐牢和杀头的危险，把一些经典的"赤色禁书"打包在行李中托运回齐齐哈尔家里埋藏起来。

1942 年，关山因帮助一个反满抗日同学，也被日本宪兵抓了起来。直至抗日战争胜利、高方出狱后，关山才把埋藏了四年的书交给了高方，其中就有现在我们在博物馆看到的包括马克思著的《资本论》和绥拉菲摩维支著的《铁流》等在内的书籍。

这摞已掉"渣"的书一直被高方保留着。"这些书虽历经劫难，埋藏日久，已残缺不全了，但它却成为我校莘莘学子当年在日伪高压统治和实施奴化教育体制下热爱祖国、不畏强暴，在白色恐怖下追求真理、追求光明，为民族解放、国土光复而战的真实历史见证，成为有光荣革命传统的哈工大历史的一页。"[①] 高方说。

---

① 引自哈尔滨工业大学博物馆。

5 且以长歌赴此生

"……我们趁着血还沸，气还盛，在较自由的学生立场，诚愿牺牲金钱、时间和一切，创发了《电汽机》杂志。"

在哈尔滨这座历经百年沧桑的城市里，追寻孕育革命火种的红色记忆，绕不开哈工大。上面这句话，便是哈工大学生创办《电汽机》杂志时发刊词中的一句话。

一本杂志，就是一团红色革命的火种。然而在当时的日伪高压统治氛围中，发声就意味着流血与牺牲。孙运璿等杂志社成员对此早有觉悟：他们"诚愿牺牲金钱、时间和一切"，只为留下抗日救国的火种。

从 1925 年 9 月起，至 1949 年 9 月止，哈工大共有中共地下党员 52 名。其中，1945 年 8 月以前的地下党员 34 名。[①] 哈工大的地下党员和进步青年高举抗日斗争大旗，站在抗日斗争前列，是东北抗日斗争和青年运动的先锋。在日本帝国主义的铁蹄之下，共产党员随时都有被捕杀头的危险，每一位共产党员都随时准备为共产主义事业献身。

1926 年 9 月，为加强党对学生运动的领导，中共北满地委决定将哈工大、哈尔滨法政大学、哈尔滨医学专科学校、哈尔滨许公中学、哈尔滨一中这 5 所学校的 8 名党员组成中共哈尔滨学生支部，高诚儒任支部书记，隶属北满地委领导。学生党支部的主要工作和任务是在各学校组织学生会、开展各种进步活动、发展党团员、扩大学生党团员队伍。

九一八事变前夕，哈工大党团组织不断扩大，上级党组织决定，哈工大

[①] 马洪舒主编：《哈尔滨工业大学校史（1920～2000）》，哈尔滨工业大学出版社 2000 年版，第 74 页。

单独成立党团支部，学生党员孙宝忠任党团支部书记。在反满抗日的严酷斗争中，哈工大共有包括前文提到的苏丕承等11名同志献出了宝贵的生命，孙宝忠也是其中之一。

"我（被）抓进去你不用跑，我粉身碎骨也不能出卖同志。"孙宝忠曾对任震英这样说。1934年孙宝忠被捕后，接替他成为哈工大地下党负责人的正是任震英。

孙宝忠是辽宁省辽阳市人[①]，出生于1904年。根据同学黄铁城的回忆，孙宝忠为人正直，学习刻苦。每当同学们议论国际国内形势时，他总有独到之见。在同学们议论是抗日救国还是读书救国时，他主张要抗日救国。他说要救中国，对外必须打倒日本帝国主义，对内必须推翻国民党反动派。孙宝忠立场坚定，旗帜鲜明，使同学们深受启发和教育。他常和同学们谈到夏明翰等同志英勇就义的动人事迹，使黄铁城等同学受到启迪。

在国难当头的1931年，哈工大单独成立党团支部，也是在这一年，孙宝忠加入中国共产党。后来，孙宝忠曾赴上海参加反帝大同盟会议，他也随之成为日本宪兵队抓捕的对象。

1934年5月，正在校内图书馆看书准备考试的孙宝忠被叫到校长办公室，日本宪兵队在那里逮捕了他。当孙宝忠被带到学校大门门厅时，他大喊道："日本人来抓学生了！"他这是为了给其他同志发出警报，好使他们脱离险境。

第二天清晨，日本宪兵队围抄了学生宿舍，但革命同志早已转移，均未遭逮捕。孙宝忠在狱中坚贞不屈，敌人的严刑拷打丝毫没有动摇他的钢铁意志，他始终未向敌人透露组织的任何情况，没有牵连一名同志。敌人无奈，判了孙宝忠5年徒刑。判刑后，孙宝忠被转移到道外监狱。在狱中他也一直坚持斗争。

---

① 一说为辽宁省朝阳市人。

多年后，一个难友回忆孙宝忠在狱中的情景时，还能背诵出他在狱中教周围群众读的诗歌：

看宇宙充满毒烟，帝国主义列强横行人间，榨尽我们的血肉，逼得我们受饥寒！

弟兄们勿迟延，武装起来努力向前！打倒一切资产者，改造社会除黑暗！

在身心被极度摧残之下，抗日豪情仍然铮铮有声。由于在监狱中受到极度折磨，1936年6月，孙宝忠壮烈牺牲，年仅29岁。他以自己年轻的生命实践了对同志们许下的诺言。

在哈工大博物馆的光荣革命传统展厅中，一台西式座钟、一个斑驳的旧皮箱静静地诉说着人们对校友李庭魁烈士的怀念。那是李庭魁烈士的结婚纪念钟和他在哈工大读书时用过的皮箱。

李庭魁是黑龙江省双城县（今哈尔滨市双城区）人，1929年考入哈工大预科。九一八事变后，李庭魁积极参加反满抗日活动。加入中国共产党后，李庭魁曾担任中共哈工大地下党支部负责人。由于叛徒的出卖，1937年4月15日，李庭魁与其他几位同学同时被日伪当局逮捕，同年7月27日，李庭魁在哈尔滨太平桥英勇就义，年仅27岁。

哈工大人不会忘记，正是这群满腔赤诚、铁骨铮铮的革命英雄，缔造了哈工大的过去，也昭示着哈工大的现在和未来。无论是在抗日战争年代，还是在中国近代史上的每一个历史时期，哈工大人爱党爱国的精神都给一代代后来人树立了丰碑，而"铭记责任，竭诚奉献的爱国精神"也成为哈工大精神的重要组成部分之一。

6 为了这一天，他们走过了半个世纪

1991年12月6日，对于陈光熙来说是一个新的起点。

在哈工大计算中心会议室里，88岁高龄的陈光熙怀着无比激动的心情宣读了入党志愿书。党支部大会经过认真、充分的讨论，一致同意接收他为中共预备党员。那天晚上，陈光熙一宿没睡着觉，他高兴地说："党理解我这个孩子，党接受了我这个孩子。"

陈光熙说："我以垂暮之年申请入党，年轻同志会问：你以前哪儿去了？其实，我以前也申请过，当时的党组织表示欢迎，同时也指出像我这样从旧社会走过来的知识分子，世界观的改造是长期的、艰巨的……"

陈光熙早年对中华民族有深厚的感情，逐渐发展到对中国共产党有深厚的感情。晚年的他更加深刻地认识到，只有中国共产党能使中国富强。陈光熙一生中虽然先后两次进过监狱——他在20世纪50年代"三反"时进过监狱，十年内乱期间又被打成"特务"进了监狱——但他对党十分崇敬，没有一点儿怨气。

有人问他："你怎么看这个问题？"陈光熙说："共产党对我就像母亲对孩子一样，母亲疼爱孩子，有时也打骂孩子，有时有理，有时也没理，母亲错打孩子能记仇吗？"

无独有偶，在1985年5月1日，68岁的徐邦裕向党组织递交了入党申请书，他说："我虽已年近古稀，但仍想借此增加绵薄之能，为壮丽灿烂的伟大中国共产党的事业添砖加瓦，更渴望在有生之年，能为党、为国家、为社会主义建设多做一点工作，我一定战斗到最后一口气。"

前文提到，徐邦裕少年时代苦学读书，怀着科学救国的理想到德国求

学，后来在战火纷飞中冒着生命危险、经历3个多月的艰辛危难回到祖国。回国后，国民党反动政府的腐败使他万分失望，新中国诞生后的欣欣向荣景象给他带来惊喜。党的十一届三中全会后发生的改变，更让他重新看到光明的前景。他认为在党的领导下，中国能够让历史车轮沿着正确轨道行进到理想的共产主义，这些认识是徐邦裕历经沧桑、反复思考得出的结论，也成了他的信仰。

一年后，徐邦裕被党组织接纳，正式成为一名光荣的共产党员，为了这一天，他走过了半个世纪。

当我们走进哈工大理学楼一楼大厅，首先映入眼帘的是一尊古铜色的女性雕像。深邃的眼神、坚定的目光、和蔼的微笑，散发着无穷的魅力，她就是令哈工大人尊敬的洪晶教授。她是哈工大的第一位女教授、首位女副校长及国务院首批批准的光学学科博士生导师，也是哈工大光学学科的创始人。人们都尊称她为先生，这是对她品德与事业的一种肯定与认同。

1952年，35岁的洪晶来到哈工大担任物理学教研室主任。和她一同北上哈尔滨的，还有她的丈夫刘恢先和孩子。

这一年，为配合国家经济建设，中国科学院拟委派刘恢先到哈尔滨创建我国第一所土木建筑研究所（后改为中国科学院工程力学研究所）。为了支持爱人的工作，也为了社会主义祖国的建设，洪晶陪伴着刘恢先来到哈尔滨。

当时，哈工大物理教研室只有4个人，主要从事物理教学工作，没有科研项目。洪晶和其他同志一样，每周至少要讲6学时的大课，多则十几学时，但她从不言苦。十分注重教学质量与教材建设的洪晶，还结合自身研究的课题，将科研成果编著成书。1964年，由她编著的《固体的力学和热学性质》由人民教育出版社出版。此外，她还主持编译了《物理学概论》等多部译著，推动了物理教研室学术水平的提升。

第三章
底色："手中有个纽扣，就想着如何为国家做件大衣"

当时的校长李昌和基础课青年教师座谈时，就举了洪晶的例子说："哈尔滨是个天气最冷、待遇最低、生活最苦的'三最'地方。像洪先生这样从美国回来的专家都能克服困难，你们年轻人有什么做不到的？洪先生这样的专家，都能抛弃名利，安心教普通物理，你们年轻人为什么不能先做个普普通通的物理教师？"

无论在教学还是科研方面，洪晶都取得了突出成就，获得了很多荣誉。数十年如一日艰苦奋斗的洪晶，为什么能够扎根在哈尔滨、扎根在哈工大？也许正是因为她对祖国深沉的爱、对理想的执着、对信念的坚定、对中国共产党先进性的认识，坚定了她献身教育事业的信心。

早在20世纪60年代，洪晶就庄重地写下第一份入党申请书，交给了党组织。1978年，洪晶在校党委召开的学习会上，表达了自己的执着追求："我要以无产阶级先锋战士的标准要求自己，努力去奋斗！"

不久后，她向党组织递交了第二份入党申请书。她写道："中国共产党在革命的道路上，领导全国各族人民推翻了三座大山……这是了不起的胜利，是广大共产党员和爱国人士排除私心、抛头颅洒热血的结果。这个历史过程，使我深深感受到中国共产党坚强领导的作用、共产党员的伟大形象和崇高品质。"

1986年9月30日，洪晶光荣地加入了中国共产党。她饱含深情地说："党在我心目中有崇高的威望，我参加党组织是对我的鞭策，能使自己对祖国的社会主义现代化建设事业，起到添砖加瓦的作用。"

她入党的经历，深深感染了身边的其他教师。秦汝虎对此回忆说："从她的身上，我们可以看到中国老知识分子最优秀的品质，那就是心中只有祖国和事业，毫不考虑个人的得失。我深深地感到这是我们中华民族最宝贵、最需要的精神，也是我们这一代以及我们下一代最应该学习的精神。"

创建全国第一个理论力学教研室的王铎加入中国共产党时，正好是

60岁。

1980年4月12日,王铎正式成为中共预备党员。他在入党后说:"为了提高整个中华民族的科学文化水平,培养更多的科技人才,迅速改变我国科学技术落后状况,我要学习周总理'春蚕到死丝方尽'、鞠躬尽瘁为人民的精神,贡献出我余生的全部力量。"

1950年,王铎来到哈工大,和一帮年轻人承担了创建全国第一个理论力学教研室的重任。1952年,王铎受命担任理论力学教研室副主任。在王铎的悉心关怀和培养下,一批年轻的教师在理论力学教研室这块沃土上茁壮成长起来。

在总结多年的教学经验的基础上,王铎主编了全国工科通用的《理论力学》教材。这一教材前后修订了7版,累计发行300多万套,成为我国发行量最大和影响最大的理论力学教材。1988年,这一教材被评为国家优秀教材,是获奖教材中唯一的一套理论力学教材。值得一提的是,教材虽由王铎主编,却始终署名哈工大理论力学教研室。对此,他说:"编写这本教材不是我一个人的功劳,是教研室全体人员分工合作完成的,是集体智慧的结晶。"

在哈工大,加入中国共产党是许多人的毕生追求。他们以身许国、以身许党,在白发苍苍之时仍执着追求加入中国共产党。他们把爱党爱国作为毕生的追求,将自己的命运毫无保留地融入国家民族的前途命运之中。

在了解了老一辈"八百壮士"入党背后的故事后,我们对这所高校会有新的更为深刻而感性的认识。一生孜孜以求,一生初心不改,他们用自己的亲身经历、自己的一言一行,把自己朴素的信念浸润在这座校园里。

让我们再记取一位"八百壮士"的名字——我国著名结构工程专家、中国大跨度空间结构的开拓者沈世钊院士。

1933年12月18日,沈世钊出生于浙江省嘉兴县栖真乡,父亲是中学体育老师，母亲是妇产科医生。沈世钊幼年的生活随着日本帝国主义全面侵华战争爆发而蒙上了一层挥之不去的阴霾。1937年11月19日，嘉兴沦陷，人们在日本的法西斯统治下生活了8年。幼年的沈世钊亲身感受到民族的苦难，尤其不幸的是，他7岁那年父亲得了伤寒病，因为在沦陷区没有得到及时医治而去世，此后完全靠母亲维持家庭生活和学习开销。

1950年，沈世钊以优异成绩从嘉兴中学毕业，以土木系第一名的成绩被上海交通大学录取，从此和结构结下了一生的情缘。大学毕业后，他作为师资研究生来到哈工大，从此扎根祖国北疆。

2023年12月1日，90岁高龄的沈世钊，向哈工大教育发展基金会捐赠人民币300万元，用于支持土木学院发展建设。"我来哈工大学习工作已经70年了，我是在哈工大成长起来的，哈工大就是我的家，能够用自己的积蓄为哈工大的人才培养作出贡献，我觉得很有意义。青年是国家的未来，希望通过此次捐赠，支持更多哈工大优秀学子在'中国建造'的道路上奋发作为，成长为可堪大用、能担重任的栋梁之才，为强国建设、民族复兴伟业再立新功。"

说起哈工大机器人研究所，或许很少有人能把它和载入史册的中国第一台弧焊机器人之间的故事联系在一起。

1959年，世界上第一台工业机器人——Unimate诞生于美国，为机器人的发展开创了一个新的时代。但直到20世纪80年代，机器人才开始大规模投入生产，成为机器人发展的里程碑，因此1980年也被称作"机器人元年"。机器人的研究和生产，也成为国家当代科学技术发展水平的重要标志之一。

1983年7月，哈工大在20世纪70年代初期曾从事机器人研究的基础上，正式开始了机器人的研制工作。1985年春，国内第一台工业机器人——"华宇-Ⅰ型"弧焊机器人由哈工大研制成功。

1985年6月，这台弧焊机器人在中国人民革命军事博物馆展出，在国内外科技界引起轰动。

1986年，哈工大机器人研究所正式成立，与此同时，在航天部系统组成了协作网，哈工大为技术抓总单位。

1986年2月21日，由哈工大蔡鹤皋、吴林为总师、副总师，侯琳琪、赵天开、徐庆鸿等人与风华机器厂协作自行设计制造的"华宇-Ⅰ型"弧焊机器人通过航天工业部主持的鉴定。鉴定会上，专家一致认为"华宇-Ⅰ型"弧焊机器人是在时间短、起点高、立足国内关键元器件的基础上研制成功的一台比较完整的弧焊机器人系统，包括本体、控制器、示教盒和三种焊接系统。这是我国自行设计研制的第一台弧焊机器人。它首次在国内实现的微机控制的焊接电源同机器人联机和示教再现功能，在焊机的控制上有创新。机器人重复定位精度、动作范围、焊接参数控制精度、负重等主要技术性能指标接近或达到了国际同类产品水平。

这次鉴定会后，蔡鹤皋带领课题组成员继续奋力拼搏。不久，我国第一台点焊机器人研制成功并迅速运往星光厂和一汽、二汽生产线上使用，使高科技很快转化为生产力。

自此之后，在努力发展机器人理论研究水平的同时，蔡鹤皋也在机器人产业化的道路上不断探索。他不仅解决了机器人轨迹控制精度及路径预测控制等关键技术，还带领团队自主研发机器人包装码垛生产线，已被大规模应用于工业生产。他在机器人研究所提出，要建成以科研为中心，科研、教学、产业三位一体的模式，使三者形成一个良性循环。

2023年9月19日，在哈工大教育发展基金会举行的捐赠仪式上，"鹤皋基金"宣布设立。自2020年5月起，蔡鹤皋向哈工大教育发展基金会累计捐赠人民币735万元。"鹤皋基金"将用于支持机器人研究方向学生科技创新活动、奖学金、奖教金等。

"我在哈工大学习、工作，我是哈工大培养出来的，我对哈工大有非常浓厚的感情。感谢学校对我的培养。我只是尽微薄之力作了一点点贡献，这是我应该做的，我感觉做得还不够。"蔡鹤皋说。

1981年，刘永坦一回国便马上着手准备开启中国的新体制雷达研制工作。如今，耄耋之年的他仍在一线规划实施对海远程探测体系化研究，为筑牢"海防长城"倾尽心血。

2020年8月，84岁的刘永坦将国家最高科学技术奖800万元奖金全部捐给哈工大，设立永瑞基金，助力学校培养更多电子信息领域杰出人才，打造更多国之重器。

永瑞基金，正是从刘永坦和冯秉瑞夫妇二人名字中各取一字。这是他们情比金坚的见证，更是这一代知识分子对国之未来最深沉的期许。

综观一位位"八百壮士"的人生历程，都离不开"选择"两个字。如今，越来越多的哈工大学子选择将自己的发展同祖国的需要相结合。一代代哈工大人在教学与科研实践中懂得，只有祖国才能给教育与科研工作者提供施展才能的大舞台，而国家也需要一代又一代砥砺前行的教育与科研工作者。他们也期盼着，未来哈工大的学子们将自己的命运与国家的繁荣富强紧密联系在一起，创造新的辉煌。

第四章

一新：置身大地，决战星海

> 探索者的价值正在于探索，开拓者的意义正在于开拓。正是追求本身而不是别的什么，才是一切崇高的真意所在。

这一章的故事，我们先从战国末年的一条计策——疲秦之计开始说起。

公元前246年，韩桓王派出一位名叫郑国的水利工程师到秦，执行"疲秦"之计，设计了名义上为秦国农田灌溉着想、实则耗尽秦国国力延缓其侵韩步伐的引泾水入洛河的灌溉工程。

郑国渠首开引泾灌溉之先河，对后世产生了难以估量的重大影响。在清华大学教授金涌院士所著的《科技创新启示录：创新与发明大师轶事》一书中，他把这一水利工程称为颠覆性技术。

颠覆性技术，是指打破传统技术的思维和发展路线，开辟新市场，最终取代已有技术，形成新的价值体系的技术。然而，颠覆性技术的形成，却是一个漫长而艰难的过程。在这漫长的时间中，有人因看不到光明而半途而废，但也有人选择踽踽独行、孜孜以求，他们的创新成果在科学星空中熠熠生辉。

1 "哈工大星"背后的历史星空

一个伟大的文明,从来没有停止过对头顶星空与时空秩序的探索。

《淮南子·齐俗训》这样定义"宇宙"一词:"往古来今谓之宙,四方上下谓之宇。"几千年前,宇和宙已形成了无限空间和无限时间上的相对概念,由某一时间点上的无限空间延伸至无始无终的时间轴,最终形成了古人认知世界的宏大框架。

先民仰望天空,观察天象、制定历法,从而塑造出时间秩序。然而,囿于技术所限,几千年间,人类始终无法捕捉宇宙深处的微弱信号。

时间来到2016年9月。随着位于贵州省黔南布依族苗族自治州平塘县的"中国天眼"落成启用,"'中国天眼'可能搜索到外星文明信号""外星人真的存在吗"等话题再次引发人们的广泛热议。

从位于平塘县克度镇的天文体验馆乘上摆渡车,我们便踏上了一睹"中国天眼"真容的旅程。这里山崖陡峭林立,山脚浓荫蔽日,在爬上一个又一个坡、拐过一个又一个弯之后,通往"中国天眼"瞭望台的阶梯展现在了我们面前。

登上阶梯,俯视脚下,口径有30个足球场那么大的一口"大锅"静静安放在四面高耸的大山之中。"大锅"周围山峰呈鼎立之势,每座距离都在500米左右,中间的洼地犹如一个天然的"锅架",刚好稳稳地盛下射电望远镜这口"大锅"。在离瞭望台更远的地方,有一个小山坳,里面是驻扎在这里的科研人员生活的地方。

了解射电望远镜的原理，我们要从老式电视机上雪花点的故事说起。

当老式电视收不到信号时，屏幕上不是一片空白，而是满屏幕密密麻麻的雪花点——这是很多人儿时的难忘记忆。其实，这些雪花点就是电磁波信号，其中也包括来自太空的射电辐射。

1932年，美国贝尔实验室的科学家卡尔·吉德·央斯基（Karl Guthe Jansky）以无线电天线探测到银河系中心的人马座方向发射的射电辐射，代表着人类在传统光学波段之外研究天体的开端，射电天文学的大门从此开启。

射电望远镜，正是观测和研究来自天体的射电波的基本设备。地球大气层给人类留下探索宇宙的两个窗口，一个是光学，另一个是射电。对天文学家来说，如果光学望远镜是"显微镜"，那么射电望远镜就是"CT机"，可以测量天体射电的强度、频谱和偏振等量。1937年，美国人格罗特·雷伯（Grote Reber）制造出第一架射电望远镜。

用过"锅盖天线"的人知道，锅盖口径越大，电视画面越清晰。对于射电望远镜来说，口径越大，看得就越远。全世界的射电天文学家都追求建造更大口径的"锅盖"，以提高射电望远镜的灵敏度。

中国科学院国家天文台研究员、500米口径球面射电望远镜工程副经理彭勃说，射电望远镜在设计建造之初就曾遇到经费紧张的问题，但不管减什么，科学家们都不愿缩小望远镜的口径。

射电望远镜通常要求具有高空间分辨率和高灵敏度。20世纪60年代天文学上的"四大发现"类星体、脉冲星、星际分子和宇宙微波背景辐射，均与射电望远镜有关。射电望远镜的每一次长足进步，都让天文学的发展向前迈进一大步。

"中国天眼"，即FAST的全称是500米口径球面射电望远镜，这一射电望远镜的建造项目从2007年立项，到2011年开工建设，再到2016年落成，直至 2020 年 1 月通过国家验收正式启用，并于 2021 年 3 月底面向全球开放。

如果从"天眼"之父南仁东在 1994 年提出建造大射电望远镜开始算起，"中国天眼"诞生的过程，也是创新这一"第一动力"逐渐展现出蓬勃生机的缩影——要知道，对 20 世纪 90 年代初的中国而言，大射电望远镜的建造计划，大胆得近乎疯狂，因为无论当时的地质条件、技术条件还是工程成本都难以达到预期目标。在此之前，口径突破百米已是射电望远镜的极限，建造如此巨大的射电望远镜在国际上没有先例，而 500 米口径的结构要实现毫米级精度，也是前所未有。

然而，就在南仁东团队的不懈努力下，"中国天眼"最终横空出世，以"大国重器"之姿展现在世人面前。更令很多哈工大学子感到骄傲的是，"中国天眼"之所以能看得这么远、这么准，有一项全球首创的技术发挥着至关重要的作用，它就是由哈工大研究人员主要承担和完成的 FAST 项目的主动反射面结构系统。

以哈工大空间结构研究中心沈世钊院士、范峰教授、钱宏亮教授为首的研究团队自 2003 年起，全程参与了"中国天眼"项目结构系统的预研、可行性研究和初步设计，提出的主动反射面结构方案和多项关键技术成功应用于"中国天眼"项目，为其立项和落成启用，提供了强有力的技术支撑和保障。

说起"中国天眼"的主动反射面结构，就不得不提到沈世钊带领团队开拓的大跨空间结构领域的研究。

新中国成立之初，百废待兴、百业待举，从桥梁、道路，到房屋建筑、地下建设，都离不开土木工程，国家的重大项目工程都需要核心研发团队。为了建设好这一学科，沈世钊一面跟着外籍专家学教学模式定教学计划、培养工程师，一面逐渐摸索、寻找方向。根据国家建设事业发展趋向，沈世钊开始重点在高层、大跨空间结构的新兴领域进行开拓。

1985年，哈工大空间结构研究中心成立。研究中心致力于空间结构领域的基础理论研究并在实践中进行工程创新。1986年，沈世钊在大跨空间结构研究和推广方面迈出开创性的一步，他负责设计的吉林滑冰馆大型空间结构以其新颖宏伟的悬索形式，受到国内外工程界的普遍重视。1987年，这一结构设计被推荐参加了在美国举行的国际先进结构展览。

此后，沈世钊的研究结合工程实践不断深入，其成果先后被应用于亚运会石景山和朝阳体育馆、东亚运动会黑龙江速滑馆等工程。在这些工程中，他创造性地设计了多项具有典型意义的大跨空间结构，其理论研究和工程实践活动为我国大跨空间结构学科的发展及进入世界先进行列作出了重要贡献。

在"中国天眼"项目中，沈世钊团队从预研到最终完成方案，花了8年工夫。"中国天眼"的反射面是大口径主动反射面结构，"主动"就意味着它可以随所观测的天体运动。相较于此前美国阿雷西博天文望远镜，"中国天眼"不仅面积大幅增加、观测灵敏度大幅提高，而且还实现了可变位的结构设计。"天眼"能够接收到137亿光年以外的电磁信号，这个距离接近宇宙的边缘。

而在FAST的建设过程中，设计团队面临的挑战是巨大的。其工作量之大，仅模拟分析的预研阶段便耗时五六年之久。面对复杂的工程难题，沈世钊团队的方法是先厘清问题的主次，再根据不同的问题选取适当的方法展开研究，一方面通过系统的考量排除非控制因素，另一方面对剩余变量进行大量、全面的分析、统计，保证结果的可靠性。

为选择适宜的工作面变位方案，团队对备选的9种可能参数组合均选取了四百多个代表性位置进行模拟，通过优化分析最终才确定方案；风环境分析时对7.9㎞×11.9㎞×2.4㎞的计算域进行了12个风向角的风环境模拟；为分析日照温差产生的非均匀温度场，团队根据实际观测数据模拟了一年中每一天同一时刻各位置最大分布温差，分析反射面面形精度和索网应力的日变化；在研究几何尺寸、材料性能等结构随机参数对结构的影响以及结构疲劳性能时，团队应用统计学方法分别进行了十余万次重复试验。用沈世钊的话说，既然交给了他们团队，就要做好、做到完美。

由于哈工大在"中国天眼"项目中作出的突出贡献，2010年，中国科学院国家天文台将1996年6月7日发现的小行星命名为"哈工大星"，哈工大成为全国为数不多的获小行星命名殊荣的高校。

2010年6月5日，在哈工大90周年校庆到来之际，"哈工大星"小行星命名及雕塑落成仪式在哈工大中心广场隆重举行。如今，"哈工大星"雕塑耸立在中心广场上，成为学校的一大标志性景观。雕塑表现的主题为"星际旅行"：纵向的巨大金属圆环寓意星际轨道，场地平面通过铺装和镶嵌的金属带模拟浩瀚的星空，其上的金属球代表被命名的"哈工大星"，在平面和空间的轨道上运行，三个组成部分共同构成了美丽的星际画卷。通过营造"星际旅行"的理念，雕塑向人们默默诉说着哈工大与中国星空探测的不解之缘。

老一辈"八百壮士"有这样一个共同的感触："关键技术买不来，创新

"哈工大星"雕塑

才是建设强国的起点。"

翻开哈工大的校史,创新精神贯穿在哈工大百年校史始终,"自强不息,开拓创新的奋进精神"也成为哈工大精神的重要组成部分之一。

在新中国成立之前,无论是中东铁路局管理时期、中苏共管时期,还是日伪管理时期,哈工大都有一批怀抱救国爱国梦想的优秀学子锐意创新进取,为国家发展建设作出贡献。其中就有前文提到过的彭士禄院士。

1948年12月,彭士禄被组织安排到哈工大化工系学习。1951年,品学兼优的彭士禄被选派留学苏联。1956年,陈赓到苏联访问,把彭士禄召到中国驻苏大使馆。"中央已决定选一批留学生改行学原子能核动力专业,你愿意改行吗?"陈赓问。"只要祖国需要,我当然愿意。"彭士禄语气坚定。从此,他便与核动力事业结下了不解之缘。1958年6月,彭士禄学成回国,被分配到北京原子能研究所工作。1962年2月,他开始主持潜艇核动力装置的论证和主要设备的前期开发。然而,当时我国在核潜艇建造方面的知识近乎为零,包括彭士禄在内的所有人,谁都没见过真正的核潜艇到底长什么样,不得不全靠"自教自学"。1970年8月30日,核潜艇陆上模式堆顺利达到满功率,发出了中国第一度核电,中国成为世界上第五个拥有自主核动力技术的国家。1970年12月26日,我国自主研制的第一艘核潜艇成功下水。值得一提的是,艇上零部件有4.6万个,需要的材料多达1300多种,没有用一颗外国螺丝钉。有人称彭士禄为"中国核潜艇之父",他坚决不同意。"对我来说这是贪天之功,我不接受!"彭士禄说:"我充其量就是核潜艇上的一颗螺丝钉。"

被授予"共和国勋章"的哈工大校友孙家栋院士同样于1948年迈入哈工大的校园,进入预科学习。他对在哈工大学习的经历印象非常之深。"那时正是我的青春时代,正值人生风华正茂之时,正赶上我们国家从苦难的社会转入到新中国建设的时期。在哈工大预科学习的这段时间,对我今后的成长而言是非常关键的,我永远不会忘记在母校学习的时光。"孙家栋回忆说，教他们俄语的苏联人对培养中国学生学俄语很有经验，知道中国人学俄语难点在什么地方，非常有针对性，使学生学起来比较快。数理化都是用俄语编的中学教材，完全用俄语授课，学俄语的同时也进一步补习了基础课程。在孙家栋看来，在哈工大预科阶段的学习，为自己今后的学习和工作打下了很好的基础。孙家栋在哈工大学习俄语近两年，因为国家需要，就到新组建的空军去做翻译工作。

为我国"两弹一星"研制工作作出突出贡献的中国高能炸药合成领域的开拓者于永忠，曾于1942年至1947年，先后在哈工大和长春大学应用化学和化学工程专业学习。他带领研究组攻克了用于核武器引爆的高能炸药研制难关，而这正是中共中央原顾问委员会常务委员、国务委员张劲夫在《请历史记住他们——中国科学院与"两弹一星"》中提到的"两弹一星"研制中需要重点攻克的"三大技术难关"之一。于永忠一直致力于高能炸药的研究，被国外同行称为"中国高能炸药合成研究的第一号人物"。在我国高能炸药发展时期，他创造性地合成了在国际上有重大影响的六硝基苯及一系列新炸药。同时，在他的带动下，同行们也接连研制出高能量的新炸药，引导我国高能炸药合成走向世界前列。

还有一位在三天内拿出北京地铁设计计划的张宪祖的故事，也书写着哈工大人勇闯新路的实干担当。张宪祖于1931年至1936年在哈工大土木建筑学科就读。他曾先后参加过修建哈大公道和沈辽铁路的工作。中南海怀仁堂、北京原有老国际饭店的恢复工作和北京展览馆、北京广播大厦工程建设都有他的身影。最令人称道的，还属张宪祖参加创建北京第一条地铁设计工作的经历。这条中国第一条地铁建设几经坎坷，终于在1965年2月由毛泽东批示再次"上马"。铁道部领导找到张宪祖，让他三天内拿出北京地铁设计计划。最终，设计计划如期完成并上报中央。1965年5月1日，中国地铁局正式成立，局党委指示张宪祖负责地铁施工技术的全面工作。1969年，北京地铁一号线也是新中国第一条地铁线路成功建成。10月1日，第一辆地铁机车从古城站呼啸驶出，为今后地铁的建设打下了坚实的基础。

还有很多当时就读于哈工大的学生，在各条战线各个领域进行了创新实践，比如，筹建黄河历史上第一个水电站黄河支流湟水水力发电厂的沙荫田，曾任冶金部建筑工程研究院副院长、总工程师的邓恩诚，以及参与设计哈尔滨著名地标性景观建筑——哈尔滨人民防洪胜利纪念塔的李光耀……在那段风雨飘摇的岁月里，他们是哈工大学子敢于创新的先声。

新中国成立后，百废待兴，一批就读于哈工大的学子在学成后扛起建设国家的重任，奔赴祖国需要的各条战线，他们中有很多人"干惊天动地事，做隐姓埋名人"，其中就有与彭士禄同为核潜艇总设计师的张金麟院士。

在有关张金麟的为数不多的资料记载中，有这样一个特别的片段。2008年6月24日，中国第三任核潜艇总设计师、哈工大校友张金麟院士和第二任总师黄旭华院士一起去家中看望第一任核潜艇总师彭士禄院士。一段视频画面显示，在二人即将辞别之际，行走不便、身形消瘦的彭士禄想要起身送别，张金麟忙说："你别起来，你不用起来……"

白发苍苍的老人，把自己的青春、智慧乃至一生，全部奉献给了国家和民族，也以实际行动诠释了哈工大人为国铸重器的担当与坚守。

同彭士禄一样，张金麟所从事的核潜艇事业，注定了他隐姓埋名、默默奉献的一生。1955年至1960年就读于哈工大动力系涡轮机专业的张金麟，在哈工大求学5年，数学、材料力学、理论力学、空气动力学等核心基础课的学习为张金麟学好动力专业打下扎实基础，工程思维也在他的头脑中渐渐形成。1960年，张金麟毕业后，义无反顾地参加到某型号产品研制这项中国"前无古人"的伟大事业中，从此与中国型号研制事业相伴相随大半生，一生守候，心无旁骛。张金麟的所思所想、所忧所喜全部系于核潜艇研制事业，为中国核潜艇研制事业作出了重大贡献，也指导培养了一大批核潜艇研制领军人才。

与之相似的，还有"太行"航空发动机总设计师张恩和。1939年生于辽宁农村的张恩和，1965年从哈工大发动机设计专业毕业，毕业后到沈阳发动机设计研究所从事设计工作，参与了多个发动机型号的研制和攻关。发动机是飞机的"心脏"。1987年国家立项上马"太行"。1991年，52岁的张恩和出任"太行"总设计师，并立下军令状。对于"太行"，从1987年立项到2005年定型，18年间，张恩和倾注全部心血，不分昼夜、废寝忘食地带领参研人员投入研制、反复试验，在物质、资料、资金紧缺的情况下，先后攻克了多项重大技术关键，解决了几百个技术问题。"拼命硬干"一生的张恩和，凭着一腔热情与才干，怀着对理想的渴求、对家国的关切，以共产党员的赤诚，做出一生无悔的抉择："这辈子能把发动机干出来，就没白活！"

岁月更迭，精神弥坚。"扎根东北、爱国奉献、艰苦创业"的光荣传统，深深影响着一代代哈工大校友的人生之路。

2 月表采样背后一个甲子的风云激荡

在哈尔滨工业大学航天馆的"世界载人航天里程碑事件"展板中，有一张美国宇航员阿姆斯特朗身穿宇航服的照片。

1969年7月21日格林尼治时间2时56分，身穿白色宇航服的阿姆斯特朗率先跨出登月舱，走下舷梯，将左脚踏上月球那荒凉而沉寂的土地，在月球表面上留下了著名的脚印，成为人类历史上登陆月球第一人。

登上月球那一刻，阿姆斯特朗说："这对一个人来说，只不过是小小的一步，可是对人类来讲，却是巨大的一步。"

在东方的传说中，美貌的嫦娥偷吃了灵药飞天成仙，从此独守寂寞蟾宫；而在古希腊的神话里，太阳神阿波罗则驾着太阳车巡游九天，为人间送来光明和温暖。满载着飞天神话的人类幼年记忆，代代相传到今天。

在双脚还只能停留在大地上的时候，想象，已经达到了一个人类自己也不知道有多高、多远的地方，它需要的只是一双科学的翅膀。

2004年3月1日，我国宣布正式启动月球探测计划——"嫦娥工程"，将对月球资源和能源及特殊环境进行全面探测。这是"嫦娥奔月"的千古传说从梦想迈向现实的一刻，更是继发射人造地球卫星和突破载人航天之后，中国航天活动的第三个里程碑。

2004年，探月工程正式立项，计划在2007年实现绕月探测，2013年前后实现月面软着陆探测与巡视探测，2020年前后实现月面采样返回。20年来，在我国探月"绕""落""回"三步走规划中，每一步的成果都少不了哈工大航天人的身影。

2007年10月24日18时05分，伴随着嫦娥神话长大的中华儿女，终于见证奔月之梦。首颗探月卫星嫦娥一号从西昌卫星发射中心起飞，奔往38万千米之外的月球，中国深空探测迈出第一步。

在"嫦娥"奔月后的第三天26日晚上，哈工大教授邓宗全应邀做客央视节目，介绍了哈工大参与研制嫦娥探月工程月球车的情况和哈工大独立研制的月球车的情况。

由于月球车的研制涉及机械、电控、材料、传感器、通信等多学科领域的高科技项目，作为全国最早研制月球车的单位，哈工大早在1999年就成立了深空探测基础研究中心，开始进行月球车的系统研究，并针对月球上的不同环境研制了两轮并列式、行星越障轮式和六轮摇臂—转向架式等多辆月球车的原理样机。

此后，哈工大瞄准月球探测二期、三期工程，配合总体单位承担了月尘环境效应模拟器月尘补给系统、试验台系统研制、巡视器结构与机构研制、低重力模拟试验系统研制等一系列研究项目，支撑了探月工程顺利实施。

在嫦娥三号任务中，哈工大作为月球车移动系统副总设计师单位，突破月地转移机构、月面机械臂等多项关键技术，助力玉兔月球漫步。

在嫦娥五号任务中，哈工大承担了作为四大核心技术之一的月表采样任务，原创性地攻克了多项关键技术并完成正样产品研制。

让我们把目光聚焦到嫦娥五号的月表采样任务。哈工大机电工程学院邓宗全院士团队参与了嫦娥五号工程月壤采样系统论证与关键技术攻关，并联合研制嫦娥五号钻取采样钻具机构的初、正样产品。

2020年12月2日，嫦娥五号探测器经过约19小时月面工作，于当天22时顺利完成月球表面自动采样，并按预定形式将样品封装保存在上升器携带的贮存装置中。

月表采样过程是精细而复杂的。嫦娥五号通过机械臂表取、钻具钻取这两种工具，通过深钻、浅钻、铲土、挖土、夹土等各种方式，实现了多点、多样化自动采样。而对于钻取月壤这一任务来说，钻取成功与否，钻具的选择至关重要。

由于缺少大气层的保护，月球表面昼夜温差大、宇宙辐射较强，具有高真空、低重力的特点。而月面采样的钻具机构需要考虑飞行任务及探测器的测控、光照条件、电源、热控等各种约束，采样期间还要面临月面白天超过100摄氏度的工作环境。要顺利完成任务，难度系数非常之高。

而更为重要的一点是，钻具所钻进的是十分复杂的月壤"土质"。尽管团队对月壤的性质和内部组分进行了大量预研，但在实际采样过程中针对月壤剖面状态未知、月壤层理信息保持等难题，钻具要在月面钻进两到三米的深度，还存在很多不确定因素。什么形状的钻头、多快的钻进速度、多大的正压力和倾斜角度更适合月壤钻取，谁也没有确定无疑的答案。

为了尽可能地减少不确定因素对采样工作的影响，研究团队从2009年就开始进行钻具机构产品的研制，过程中涉及两百多组参数的不同排列组合，光是做出的钻具样件就有几十个。

据团队的郭宏伟教授介绍："我们用火山灰、砂石、岩石组合成模拟月壤，通过不同的密实度来模拟不同的硬度，最后就做成了几十种模拟月壤。这几十种模拟月壤和几十种钻具的组合进行实验，在实际过程中就是成千上万组实验了。"

这样巨大的工作量，是哈工大航天人科研攻关的日常写照。从2009年至2020年，邓宗全院士团队做了大量的设计、论证、仿真、采样论证，一套完整的钻具机构就包括十多台套设备，一台套设备就能摆满一间屋子。就这样一个实验一个实验地推进，最后才能积累出支撑产品研制的海量数据。

"从月球车到火星车，从月壤采样到空间大型机构折展，每一项重大工程完成之后，我们团队都感到很骄傲、很自豪，但我们没有时间去庆祝，因为马上就要论证下一个攻关的任务是什么，团队成员也要马上转到下一个阶段的任务中去，与国家未来的航天计划同频共振、提前布局。我们要在国家立项之前做关键技术储备攻关，然后通过可行性技术论证来支撑国家立项。"郭宏伟说。

从1956年至今，中国航天事业已走过了一个甲子，哈工大与中国航天始终携手共进。一代又一代哈工大人心怀强国梦、航天梦，砥砺前行，与祖国同骄傲，与航天共自豪，而哈工大也像展翅的鲲鹏，乘航天事业大发展的东风，在群星闪耀的星空发出自己的光亮。

1956年10月8日，中国首个导弹火箭研究机构——国防部第五研究院成立，标志着中国航天事业的创建。回望六十多年航天事业的发展，中国弹星箭船的每一次升空、每一次飞行，无不是在挑战中实现跨越，在艰辛中铸就辉煌。而在中国航天的发展历程中，哈工大人矢志创新的身影，也支撑着中国航天事业从无到有、从小到大的跨越式发展。

回眸历史，在中国航天诞生的"元年"1956年，哈工大就开始探索服务航天的新路子，一批航天人才从这里起步，一批相关专业学科在此时设立。

1956年1月，党中央召开知识分子工作会议，号召全党"向科学进军"，指出"要发展尖端技术"，这为哈工大建立尖端技术专业、选择由民转军提供了重要的历史机遇。哈工大决定面向国家发展的战略需求，拟办尖端专业培养师资，并两次报请高教部门批准增设电表与电测技术、数学及计算仪器、自动控制等新技术专业，拉开了哈工大调整办学方向的序幕。

哈工大正式与祖国航天事业同频共振的办学之路，缘于1958年9月邓小平到哈工大视察，指示哈工大要"关心国家命运""成为突破科学技术的基点之一""搞尖端"。

此后，在前期专业调整的基础上，哈工大进一步调整学科与专业设置，调动一批专家组建了工程力学系，陆续扩建和新建了自动控制及无线电系、工程物理系、工程数理力学系以及与航天工程有关的一批尖端专业，为培养尖端科学技术人才创造了必要条件。同时，哈工大重新进行顶层设计与规划，坚持航天民用相结合，形成了"多学科、多专业、大航天、大协作"的办学定位，走上了一条具有航天特色的综合发展之路。

从20世纪五六十年代的积极探索与改革，到1987年中国高校首个以培养高级航天专门人才和从事航天高技术研究为主的学院——航天学院在哈工大诞生，再到全面参与"863计划""921工程"，哈工大在航天领域逐渐形成了独有的学科优势，构建了多学科相互融合、共同服务航天事业发展的"大航天"格局。

哈工大一路砥砺奋进，立足航天、服务国防的理念与特色更加凸显，并且形成了与航天精神、工匠精神一脉相承的哈工大精神和敢为人先、追求卓越的优良校风，在人才培养、科学研究、文化传承与创新等多个方面形成了鲜明的航天特色，一系列航天科研成果助力中国航天事业向前推进。

2008年9月25日21时10分，载着翟志刚、刘伯明、景海鹏三位航天员的神舟七号飞船在中国酒泉卫星发射中心发射升空。中国载人航天工程总设计师周建平说，航天员将在这次航天飞行中进行太空行走，这将是中国人第一次像飞天一样真正翱翔太空。

航天员出舱行走，要靠航天服保证其生命安全和运动自如。航天服要求高可靠性、高灵活性和尽可能轻的重量，同时还要能够承受相当大的内外压力，因此在设计航天服时，对结构整体性和轻量化提出了苛刻的要求，航天服中各种结构件都要求尽量减少焊缝，避免焊接质量问题影响整体可靠性，同时还要在保证强度要求的基础上尽量薄，以便减轻自身重量。

为了攻克这些复杂零件的制造难题，哈工大苑世剑教授课题组从多年潜心研究的内高压成形技术入手攻克难题，保证了内高压成形件的壁厚要求和尺寸精度。内高压成形件不仅具有零件精度高、重复性好和可靠性高等优点，而且由于节省了后续的焊接工序，降低了零件的制造成本。我国在世界上首次采用内高压成形整体零件，标志着我国在航天服金属结构制造技术方面处于世界领先地位。

2011年9月29日21时16分，长征二号FT1运载火箭托举着天宫一号直冲太空。在轨运行期间，天宫一号先后与神舟八号、九号、十号飞船进行6次交会对接，被形象地称为"太空牵手"。

然而在天上"牵手"并不容易，因为太空环境非常恶劣，飞行器以相当于地面每秒7.9千米以上的高速飞行，处在高真空、微重力的环境下，会出现许多我们在地面上难以想象的问题。比如，在地面环境中轻易不会黏合在一起的金属块，在高真空的太空中会像黏合剂黏在一起甚至焊在一起那样无法分开，这就是"冷焊现象"。

为了让航天器和飞船能够适应这种环境，哈尔滨工业大学机器人研究所和上海宇航系统工程研究所合作研制了空间对接机构热真空试验台——这是一个大型真空罐，实现了全六自由度模拟、全电动控制、三维虚拟环境下的遥操作。我国是世界上第三个拥有此项技术的国家。这是我国第一次在真空罐内实现大型对接模拟试验，也是国内首次实现大型地面动态测试设备在真空条件下的试验。

党的十八大以来，哈工大充分发挥"立足航天、服务国防、长于工程"的特色优势，聚焦国家重大战略需求集智攻关，一大批关键核心技术成功应用于中国航天重大工程。

2016年6月25日20时00分，我国载人航天工程为发射货运飞船而全新研制的长征七号运载火箭首次发射圆满成功，标志着我国载人航天工程和新一代运载火箭研制取得重大突破。从火箭"心脏"到"血管"，从搭载飞行器到返回舱，哈工大多项技术成果发挥重要作用：铜钢电子束焊接技术研究成果，应用于长征七号新型大推力液氧煤油发动机制造；在国际上首次研制出整体结构五通件，应用于增压输送系统；光电目标成像系统在轨可靠运行，顺利完成长征七号载荷的既定任务；"远征1A上面级"主载荷——"遨龙一号"飞行器及碎片模拟器分离解锁装置，保障了此次在轨验证任务的圆满成功；多用途飞船缩比返回舱专用飞行测试传感器的测量结果为新一代载人飞船的外形设计、防热设计方案评价提供依据。

2016年11月3日晚8时43分，中国文昌航天发射场，距离海边约800米的发射平台上，长征五号运载火箭点火升空。

从技术支撑到外观设计，哈工大科研团队和设计团队联手作出贡献："助推级120吨液氧煤油发动机涡轮气动设计"研究，助推长征五号总推力破千吨；"发动机气瓶热防护"项目成功研制出一种轻质高效隔热毡复合防护结构，攻克"胖五"热防护难题；"我国新一代磁聚焦型霍尔电推力器HEP100MF"在长征五号搭载的实践十七号卫星上采用，标志着新一代磁聚焦型霍尔电推力器在国际上首次实现空间应用；金属橡胶阻尼环在长征五号发动机上成功应用。同时，哈工大青年教师设计团队完成的长征五号整体涂装与 LOGO 方案，令火箭"妆容"彰显着中国风和国际范。而在 2016 年 11 月 10 日发射成功的长征十一号运载火箭上，哈工大研制的"可编程 SOC 计算载荷"首次在空间进行在轨验证。

2016 年 11 月 9 日，哈工大刘宏院士团队研制的空间机械手在天宫二号上成功完成国际首次人机协同在轨维修技术实验。

天宫二号空间机械手包含多感知柔性机械臂、五指仿人灵巧手、控制器及其软件、手眼相机、人机交互设备及其软件等。我们在电视上看到的天宫二号与神舟十一号对接后，航天员完成的拧螺丝、拆除隔热材料、在轨遥操作等科学试验，都是在机械手的协同下完成的。

2020 年 7 月 23 日，中国首次火星探测任务"天问一号"探测器成功在中国文昌航天发射场升空，正式开启了中国人自主探测火星之旅。

2021 年 6 月 11 日，国家航天局举行"天问一号"探测器着陆火星首批科学影像图揭幕仪式，公布了由"祝融号"火星车拍摄的着陆点全景、火星地形地貌、"中国印迹"和"着巡合影"等影像图。这批科学影像图的发布，标志着我国首次火星探测任务取得圆满成功。

在"中国印迹"和"着巡合影"两张影像图中，鲜红的中国国旗清晰可见。哈工大航天学院冷劲松院士团队自主设计并研制的中国国旗锁紧展开机构，历经 202 天地火转移轨道飞行和 93 天环绕探测，飞行 4.75 亿千米后，于 2021 年 5 月 15 日在"天问一号"着陆器上成功完成了中国国旗可控动态展开，使我国成为世界上首个将形状记忆聚合物（Shape Memory Polymer, SMP）智能结构应用于深空探测工程的国家。

形状记忆聚合物，是指具有初始形状的制品，在一定条件下改变其初始形状并固定后，通过改变外界的条件（如温度、电场力、pH 值等），又可回复其初始形状的一类高分子材料。与传统的形状记忆合金相比，形状记忆聚合物具有形变量大、记忆效应显著、形状回复温度便于调控、机械性能强和易于加工成型等优点，目前作为功能高分子的一个新分支受到了广泛关注，并成为近年来发展最快的智能材料之一。

据冷劲松介绍，在着陆火星前，国旗锁紧展开机构处于卷绕收纳状态，通过形状记忆聚合物复合材料结构实现长时间锁定。着陆火星后，通过加热形状记忆复合材料实现超低冲击解锁和可控展开，释放并展开五星红旗（由兰州空间技术物理研究所研制）。展开后，形状记忆聚合物复合材料的刚度回复到与常规复合材料相当的水平，提供高刚度承载功能。与贴装、折叠收纳展开等携带国旗方式相比，自主设计并研制的国旗锁紧展开机构的质量轻、收纳比高，可适用于较大尺寸国旗。与展开瞬态冲击高达10000克以上的基于火工品的展开结构相比，国旗锁紧展开机构几乎无冲击。

继2016年、2020年哈工大科研团队在国际上首次实现地球同步轨道环境下形状记忆聚合物复合材料及其柔性太阳能电池系统在轨成功验证之后，此次形状记忆聚合物智能结构在深空探测的应用，标志着我国在智能材料及其在航天器结构的应用领域处于国际前列。

从"两弹一星"到载人航天，再到绕月探测、火星环绕探测，围绕航天重大任务，经过数十年的发展，今天的哈工大已经形成了多个学院、多个学科相互融合的服务航天事业的新格局。

近年来，哈工大完成一批我国首次开展、具有国际先进水平的航天重大核心任务，以小卫星、空间机械臂、激光通信、激光遥感、新体制雷达等为代表的一批标志性成果受到国内外广泛关注，哈工大已发展成为我国新概念航天器及有效载荷的创新研发基地。

在载人航天领域，从神舟一号到神舟十七号，哈工大先后有一大批教师和技术人员参与相关研究工作，一大批研究成果应用到载人航天的各个领域，成为同时荣获"中国载人航天工程协作贡献奖""中国载人航天工程突出贡献集体奖""中国载人航天工程突出贡献者奖"三大奖的唯一高校，形成了多学科相互融合、共同服务航天事业的"大航天"格局，在与中国航天事业血脉相承中逐步发展壮大。

"我一直盼望着要来哈工大,因为哈工大为航天领域培养了大量人才,从总指挥到科研人员,40%以上都来自哈工大,这就是一种航天情结。"2006年5月,航天英雄杨利伟在哈工大作报告时如是说。

正是缘于这种深深的航天情结,一批批优秀毕业生选择到航天系统工作,哈工大已累计为航天领域输送了几万名学子。在近几年的就业大潮中,众多哈工大学子再一次选择航天,用自己的青春和热血见证着哈工大人的"航天魂"。

从哈工大的航天强国梦一步步成为现实,我们看到了中华民族精神的继承和弘扬,也看到了哈工大敢为人先、创新拼搏精神的发展与发扬。这是一个民族、一个社会、一个学校得以生存和发展的动力来源。因为这种精神与力量的存在,我们看到了祖国的美好明天、哈工大的美好明天。

3

从第一颗由高校牵头自主研制的小卫星看团队科研模式创新

讲到哈工大与中国航天携手并进的情缘,就不得不说说哈工大连战连捷的小卫星科研团队。

韩杰才在作关于全面提升哈工大有组织科研体系效能的报告中讲到,对哈工大来讲,最能够集中体现"坚持系统观念"的,就是学校航天特色形成的历史过程。

而在哈工大与中国航天事业六十多年如一日同频共振的历史中,1998年成立的哈工大卫星技术研究所在国内率先开展了小卫星研究,开创了我国高校自主研制小卫星的先河,目前已成为我国微小卫星领域基础理论研究、新技术研发、工程型号研制和高层次人才培养的重要基地。

在20世纪90年代，小卫星以其独特的技术和成本优势，引起国内外专家的重视。在国外，小卫星研发一直有高校的深度参与，因此也被称为"大学卫星"，但在当时，国内大学研制小卫星史无前例。1995年，一群哈工大人跨学科组成研制队伍，开启了研制小卫星的求索历程。其中，就有一位年轻学者的身影——曹喜滨。

1981年，18岁的曹喜滨考入哈工大金属材料与工艺系（现材料学院）锻压专业，经历10年的学习与成长，于1991年获得博士学位。此时的曹喜滨有两个选择：去清华大学做博士后，或者留在材料学院任教。然而，曹喜滨选择了第三条道路：留校，但改行做小卫星。

从零起步。曹喜滨把飞行器设计作为自己的航天梦与国家需要的最佳结合点，他放弃了已经学习10年的专业，到国外进修学习。

在繁重的学习和工作压力之下，曹喜滨以执着的信念和坚定的意志完成了学业，掌握了航天器设计的专业知识。回国之后，他结合学校的专业设置布局和发展需要，选择了"卫星总体设计与仿真"这一难度较大的研究方向。

与此同时，哈工大紧抓师资班的机遇，对国外卫星发展的趋势进行了深入了解和分析。"那时我们就了解到，将来高技术小卫星是发展趋势。因为大卫星周期长、风险大、费用高，而且许多大卫星的功能，也可以通过小卫星的组网和编队来实现。小卫星集中了微电子、微机械、微传感器等多个学科方向的关键技术，而且周期短、风险小。"最初把曹喜滨带到航天领域的哈工大原副校长强文义说。

时间快进到1995年，这一年，可以算成是哈工大"小卫星元年"。同年，国家相关部门在北京召开"关于中国研制小卫星"的会议，讨论中国如何发展自己的小卫星。在会上，哈工大拿出了"关于哈工大研制小卫星的具体方案"，由曹喜滨在会上就这个方案作了报告。随后，哈工大提出的"高校应该成为研制微小卫星的重要力量"的文章和观点,在公开发表后得到了国家相关部门、"863计划"专家组和有关用户的关注,他们支持哈工大建立一种新的机制和模式来发展中国的小卫星。

在"211工程"建设项目的支持下,哈工大建立了"小卫星设计、分析与仿真验证一体化系统",哈工大小卫星研制从此起步。

从零起步,仰望星空,谈何容易?哈工大的研制方案在震惊四座的同时,质疑声也纷纷传来:卫星是典型的高精尖集合体,高校教师来研制能行吗?高校教师主要从事的是教学科研工作,能挑起重大工程项目的重担吗?

然而,哈工大小卫星团队的老师们理解并接纳了这份质疑。他们深知,科学研究正如诺贝尔奖获得者丁肇中所说的那样,"科学是多数服从少数,只有少数人把多数人的观念推翻以后,科学才能向前发展"[1]。

"为了小卫星项目,当时的副校长强文义带领我们到有关部门汇报了很多次,当时条件很艰苦,各方面的争议也比较大。我们一次又一次地争取。"曹喜滨对当时的情形记忆犹新。

最终,哈工大团队争取到了"863计划"相关项目组的支持。

这标志着"试验卫星一号"研制工作的正式启动。在学校及各方面大力支持下,来自不同学科、不同专业的40多名人员组成了小卫星课题组,涵盖了飞行器设计、人机环境工程、力学、自动化测试、控制理论与应用、信息与通信工程、计算机等多个学科的教师和几位在读博士生、研究生。哈工大小卫星科研团队的雏形由此建立。

"'863'项目是滚动式发展的,按每一个阶段的成果来支持下一步的工作。当时我们是做一个总体方案的论证,如果论证做不好,可能就无法继续走下去了。我们用了大概8个月的时间,完成了总体方案的论证。"曹喜

---

[1] 葛相文、任海军:《咬定青山不放松——记阿尔法磁谱仪项目首席科学家丁肇中》,新华社华盛顿2011年5月16日电。

滨说。

研制工作启动后，团队就进入了"极限竞速"的时刻。8个月过去了，1998年7月7日，"立体测绘微小卫星总体方案论证"评审会在哈工大举行，与会专家一致同意转入总体方案的技术设计阶段。也是在这一年，哈工大卫星技术研究所正式成立，由曹喜滨担任所长。

此后又是8个月分秒必争的攻关，1999年3月17日，项目通过国家高技术航天领域"863"专家委员会评审。专家委员会认为：该项目在现有的各个分系统技术设计的基础上，已具备了转入原型样机研制的条件，可以转入下一阶段的研制工作，并于当年4月与哈工大签订"试验卫星一号"微小卫星研制合同，开始进行微小卫星原型样机和飞行演示星的研制。

最难的就是到了正样阶段的研制。曹喜滨回忆说："由预研项目转为演示验证项目，我们的管理模式也要由原来的专家管理模式转变成完全大系统大工程的管理模式，我们的队伍也经历了从学生和教师到科研人员的转变，从普通的科研教师到航天研究的跨越。作为一个工程大总体，'试验卫星一号'项目包括卫星、运载火箭、发射场、测控系统、地面应用系统等五大系统，协调起来是一项相当复杂的工作。钱学森说过：'航天是一个系统工程。'转入演示验证星研制阶段，我们才有了切身的体会。"

小卫星虽小，但五脏俱全，更何况其中40%的技术是首次采用的新技术，研制过程也按照大航天工程的规范和流程来进行。在时间紧、技术难度大和经费紧张的条件下，曹喜滨带领团队顶住压力，与兄弟单位通力合作，对小卫星一体化设计与研制、基于磁控和反作用飞轮控制的姿态捕获、卫星大角度姿态机动控制、微小卫星高精度高稳定度姿态控制、卫星自主运行管理、三线阵CCD航天摄影测量技术等多项微小卫星的前沿技术进行了创新和攻关，完成了卫星的方案论证与技术设计、关键技术攻关、桌面系统联试、原型样机和飞行星研制与大型试验等工作，探索出了一条我国小卫星技术发展的新路径。

在多次评审会上，与会的各位专家对卫星研制工作给予了高度评价，认为哈工大在较短的时间内完成的超负荷工作量是惊人的，哈工大人的拼搏精神和奉献精神，体现出了中国的航天精神。在发射前夕，西昌卫星发射中心的领导这样评价曹喜滨和他的团队："这是我们测试评审工作最顺利的一次，也是我们合作得最顺利的一次，这次合作让我对哈工大的老师、对高校刮目相看。"

2004年4月18日，在西昌卫星发射中心，"试验卫星一号"由长征二号丙运载火箭发射成功，并顺利完成演示验证任务。

这是我国第一颗由高校牵头自主研制的、具有明确应用目标的微小卫星。它是我国第一颗新技术演示验证微小卫星，也是我国第一颗传输型立体测绘卫星，主要用于地理环境监测与科学实验。它的研制创建了跟踪前沿、自主设计、联合研制、优势互补、科技创新与人才培养并重的小卫星研制新模式，对我国微小卫星技术的发展起到积极的作用。哈工大小卫星研制的新篇章由此开启。

七年的努力，终于开花结果。那一刻，在曹喜滨的眼里，没有什么比火箭划破长空留下的尾焰更迷人。

而此刻，在别人眼中已经功成名就的曹喜滨没有片刻停留跋涉的脚步。他还没来得及稍作休息，便开始向新的科研高地发起冲击——研制"试验卫星三号"。

"小卫星的发展不仅对卫星所自身的发展意义重大，对学校、对国家也是如此。"曹喜滨毅然选择了将哈工大小卫星的研制之路进行到底，更加执着地坚守着心中的那份承诺。

2008年11月5日，在酒泉卫星发射中心，由哈工大抓总研制的、主要用于空间大气环境探测新技术试验的"试验卫星三号"成功发射。

"试验卫星三号"作为技术试验类卫星，基于"试验卫星一号"卫星平台进行一体化设计，围绕各试验载荷的不同特点和特殊需求，进行了卫星结构、总体布局、热控的一体化设计，对卫星平台资源进行了系统优化，对部分功能部件进行了重新配置，进一步加强了卫星的可靠性和安全性设计。同时"试验卫星三号"实现了围绕有效载荷的柔性化集成，具有较高的功能密度，解决了各试验载荷对卫星平台设计约束多的问题，实现了在小卫星平台上集成多数量、多品种试验载荷的设计目标，具有开放性和可扩展性。与同类卫星相比，"试验卫星三号"在功能和性能指标方面都达到了国内领先、国际先进水平。

值得一提的是，"试验卫星三号"研制设计任务是由哈工大抓总，航天科技集团五院、八院的多个研究所，中国科学院的多个研究所，清华大学等共22家国内外单位参与，整个队伍可谓庞大与复杂。据哈工大卫星技术研究所叶水弛教授介绍，各部分的主任设计师都是小卫星科研团队的成员，由哈工大委派与各家单位密切合作。这一次的项目任务是代表国家水平的项目，对哈工大在国内航天科研领域地位的确定、学校学科建设和培养高水平的科研人才起到了极其重要的作用，同时也在高校"基础创新—技术突破—工程应用"的协调发展方面树立了典范。

在国家"863计划"的支持下，曹喜滨项目组攻克技术难题，针对突发灾害应急监测和抢险救灾信息支持的迫切需求，在国际上首次提出并实现了星箭一体化设计的理念和方法，解决了飞行器快速研制、快速发射、快速应用的核心技术问题，实现了我国固体运载器机动发射卫星首次成功，创造了我国遥感卫星最快成像纪录。该项目总体指标国内领先、国际先进，取得了重大的经济和社会效益。该项目入选2014年"中国高校十大科技进展"。

利用该成果研制的"快舟一号"和"快舟二号"卫星于2013年9月25日和2014年11月21日先后在酒泉卫星发射中心发射成功，再一次吸引了世人的目光。

近年来国际上各类自然灾害频发，给人类的生命和财产安全造成极大威胁。"快舟一号"是云南鲁甸地震救援期间唯一一颗实现针对灾区连续15天重访成像的高分辨率遥感卫星，及时提供了高分辨率的震区影像，为全面了解灾情、灾情评估、抢险救援指挥决策等提供了有力信息支撑。"快舟"卫星还应用在工程建设、土地利用、采矿区开采、水文、环境等实时监测方面，为国内 19 个省份 61 家用户单位提供了高质量遥感影像。

十年磨一剑。国内第一颗技术试验系列卫星"试验卫星三号"，国内第一个大学生自主研发和管控的卫星"紫丁香二号"……2018 年，哈工大卫星技术研究所教师团队入选首批"全国高校黄大年式教师团队"。在曹喜滨言传身教的影响下，卫星技术研究所的团队也成了一支既有雄厚基础理论知识，又有实践经验、创新精神，特别能战斗，特别能奉献的科研队伍。

正如哈工大卫星技术研究所副研究员邱实所说：高校研制小卫星，创新永远是第一位的。这是国家对我们的定位，也是我们对自己的定位。我们研制卫星的编号绝大多数都是一号、二号，这意味着几乎每项任务都要重新开始，这也体现着团队原始创新的能力。

随着卫星技术研究所迎来快速发展的高峰期，曹喜滨心里所想的，是这支队伍如何更好地发展下去，卫星所如何更好地发展下去，哈工大的卫星技术研究、中国的小卫星事业如何更好地发展下去。

在研究生培养过程中，曹喜滨注重对学生实验技能的培养，让学生们进到实验室中、承担科研任务，让小卫星团队的人才梯队建设不断完善。在团队建设中，曹喜滨鼓励年轻人"从看不明白的角度提出思考"，培养他们的创新精神。

尊重个人的首创意识，在邱实看来是小卫星团队的吸引力所在。"比如说，在 2023 年 6 月 9 日发射的我国首颗平板式新体制通信试验卫星'龙江三号'，我们在研制过程中，就提出要把卫星做成'平板'。虽然我们当时并没有成熟的技术，但我们经过前期分析认为在技术上可行，卫星所就会投入人力、物力和财力，全力支持这个想法的实现。"邱实说，"这就是我们卫星所的创新动力"。

卫星技术研究所严谨而灵活的科研学术氛围，也是年轻人选择留下来的一个原因。卫星技术研究所的很多老师都说，这个团队是很有创新动力、很有人文关怀，也很有凝聚力的团队。卫星技术研究所副研究员郭金生说："以前传统的卫星设计是分系统设计，每个分系统的负责人根据任务需求，领到各自分系统的重量、体积、功耗等参数指标进行设计，但是遇到'龙江二号'对重量要求苛刻的情形时，我们经过讨论，直接拿掉了结构分系统，这就体现了我们思维的独特性。没有团队的力量、项目组之间的配合、系统性的思维，推动解决类似的问题是比较困难的。"

4 中国人工智能：开端在哈工大

追寻并触摸一种生命延续的脉络，往往更能够看清一段历史走过的脚步。回顾哈工大计算机专业一路走来的历程就会发现，虽然它从"一穷二白"起家，但在世界计算机学科发展的进程中，人们总能瞥见它光辉的身影。

在哈工大刚刚移交给中国政府管理的 1950 年，英国数学家艾伦·麦席森·图灵（Alan Mathison Turing）正在试着改变计算机历史发展的进程。这一年，他发表了一篇划时代的论文——《计算机器与智能》。在这篇文章中，图灵提出了著名的"图灵测试"：如果一台机器能够与人类展开对话而不能被辨别出其机器身份，那么可以称这台机器具有智能。

这一设想随后被具化为，如果有超过 30% 参与测试的人以为自己在和人说话而非计算机，就可以认为"机器会思考"。

回望建设之初的哈工大计算机专业，我们可以通过自然语言处理

（NLP）这一领域管窥学科发展的脉络。自然语言处理是人工智能领域的一个重要应用方向，素有"人工智能皇冠上的明珠"的盛誉。如今引起广泛热议的 ChatGPT 即属于自然语言处理领域。在 20 世纪 50 年代，在自然语言处理的科学设想仿佛桅杆顶般刚刚露出地平线时，有一群哈工大人已经在着手研判它前进的方向。让哈工大发现这个风向标的，是吴忠明、李仲荣等几位青年教师，还有一位来自浙江的学者、老一辈"八百壮士"之一的陈光熙。

1957 年，李昌派人到北京招聘老教授创办哈工大的新专业。已经 50 多岁的陈光熙闻讯，自告奋勇来到哈工大，主导了新中国高校第一个计算机专业的初期建设。

凭借对计算机领域前沿的敏锐嗅觉，陈光熙迅速将包括人工智能在内的一系列学科前沿的研究引入哈工大。要知道，世界范围的"人工智能元年"与哈工大计算机专业的创立，都是在 1956 年——这年 8 月的大洋彼岸，喜欢大笑、热衷构想反传统事物的美国数学家克劳德·香农（Claude Elwood Shannon）来到美国汉诺斯小镇。在宁静的达特茅斯学院，他与约翰·麦卡锡（John McCarthy）等一众科学家，开始探讨起一个不食人间烟火的问题：如何用机器模仿人类学习及其他方面的智能？香农等人为这场主题讨论的内容取了个名字，叫"人工智能"。

一如香农等人所研讨的以机器模拟人类智能的主题瞄准的是科技前沿，哈工大计算机专业的视线也一直投向计算机学科前沿。接下来的事情便为人所熟知了：1958 年 11 月 1 日，在北京开幕的全国教育与生产劳动相结合展览会上，一群参观者被一台能说话、会下棋的智能下棋计算机深深吸引了。借助录音装置，这台计算机在适当时机可以说出"请您走""您犯规了"和"您输了"这三句话。这台计算机正是陈光熙在哈工大计算机专业的第一个科研实践。哈工大计算学部官网的资料显示，这台计算机的研制成功，被誉为中国人工智能的开端。

科学上的许多重大突破，都是一点点细微的成绩积累起来的。

第四章
一新：置身大地，决战星海

从当下的节点回看20世纪50年代哈工大在计算机领域的一个个重大节点，我们会发现，当时的哈工大人在用他们辛勤探索的触角，尽可能地触碰着浩渺无涯的科学星空。

很多时候，人对机器的心态是矛盾的。有些时候，我们惧怕它像科幻电影里一样征服人类，有些时候，我们渴望它超越作为个体的人的智能。我们再来认识一位人工智能领域的奇才——美国人工智能领域著名心理学家弗兰克·罗森布拉特（Frank Rosenblatt）。他似乎不满足于在康奈尔大学的教学工作。据说，罗森布拉特的一天通常是这样度过的：白天在实验室解剖蝙蝠，研究一番动物大脑的学习机制，夜晚则在自家的后山上，搭建一所简易天文台，仰望星空，试图和外太空的生命对话。

时间定格在1958年。这天，罗森布拉特利用自己设计的机器，做了一个在当时看来非常令人"惊艳"的实验。他和同事用400个光电单元构建神经网络来模拟人类的神经元运作，然后通过50组图片来对机器进行技能训练。这50组图片每一组两幅图，由一张标识向左和一张标识向右的图片

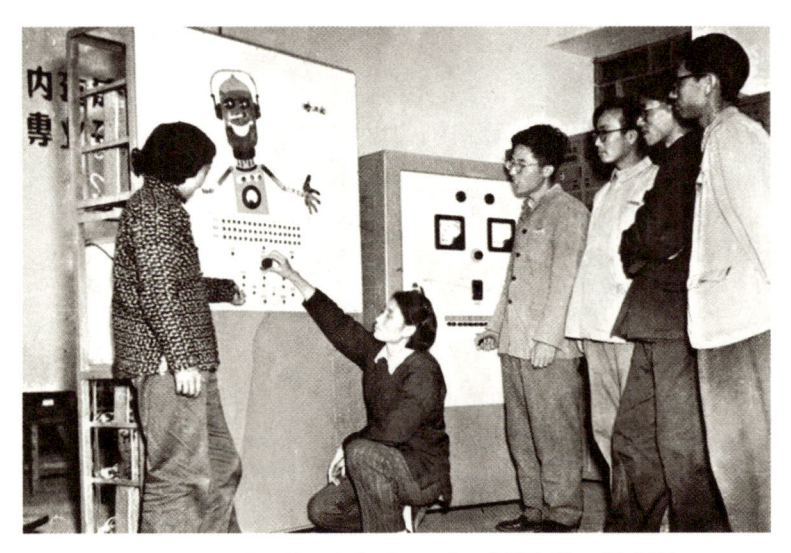

哈工大研制的我国第一台能说话、会下棋的智能下棋计算机

组成。

在每一次练习时，罗森布拉特都以左面的输入神经元为开端，先给每个输入神经元都赋上随机的权重，然后计算它们的加权输入之和。如果加权和为负数，则预测结果为 0，否则，预测结果为 1。这里的 0 或 1，对应于图片的"左"或"右"。如果预测是正确的，则无须修正权重；如果预测有误，则用学习率（Learning Rate）乘以差错（期望值与实际值之间的差值），来对应地调整权重。

最终，一个超越当时人们认知的结果出现了——对于一张全新的图片，在没有任何人工干预的情况下，这部机器能"独立"判定出图片标识为左还是右。这意味着，这部机器能够"感知"出最佳的连接权值。

从理论上看，这一"感知"的过程，相当于对儿童思维过程的模拟。因为儿童成长的第一阶段（从出生到两岁，相当于婴儿期）就是感知阶段。此阶段的儿童主要靠感觉和动作探索周围的世界，逐渐建构起"物体恒存"的观念，此后就逐步有了自己对事物的独立判断。

罗森布拉特把这部机器称为"感知机"。感知机也在日后被人们追认为"人工神经网络"的 1.0 形态。它是世界上第一台可以通过试错来学习新技能的计算机，它的原理则是使用了一种模拟人类思维过程的神经网络。

在《纽约时报》上，对感知机的巨幅评论热情洋溢："这是一个能够行走、拥有视觉、能够写作、能自我复制，且有自我意识的电子计算机的雏形。"

而哈工大在自然语言处理方面的先驱性探索也同样值得关注。在罗森布拉特发明感知机的第二年，哈工大自主研制出能够实现中俄语言互译的 MT（Machine Translation，机器翻译）系统。

在当时，它翻译的外文资料所发挥的作用使它能够和当时最核心的国家工程项目联系在一起。如果它是一团焰火，那它能助推火箭发射，把卫星托举上天；如果它是一片叶片，它能转动潜艇的螺旋桨，保卫海洋安全——这一 MT 系统主要应用于机床制造、"两弹一星"等重要国家项目的外文资料支持，这与 IBM 和美国乔治敦大学合力推出的首个 MT 系统在时间节点上几乎趋于一致。

到了 20 世纪 80 年代中期至 90 年代初期，伴随着世界机器翻译研究进入了第二个高峰，哈工大机器翻译学术建设的接力棒，传到了王开铸与李生两人手中。二人相继成为"863 计划"的项目负责人，通过一系列研究成果为哈工大乃至中国 NLP 的发展打下了基础。

王开铸在 20 世纪 90 年代先后研制出基于理解的中文自动文摘系统和基于统计的任意文本文章系统，以及应用了自动分词技术的中文校对系统。李生则着重研汉英—英汉双向机器翻译。在航天预研基金及"863 计划"的支持下，他率领团队先后研制了 CEMT 及 BT863 系列机器翻译系统，并在实际应用中获得了好评。

与此同时，随着中文信息处理行业的起步，越来越多的人把目光投向汉语拼音输入技术，一时间各种输入法层出不穷。

1995 年，哈工大计算机系王晓龙开发的语句级拼音输入法，正是基于自然语言处理技术，可以根据整句输入自动分析、自动校正相应的汉字，正确率极高。这一输入法构建了我国现在的输入法的框架，并被授权给微软公司，为后来的微软中文输入法奠定了基础。他的研究成果"四达 863 语音文字系统"获得中国航天工业总公司科技进步一等奖；"拼音语句输入系统 InSun"，获得国家科委高技术金奖。

从罗森布拉特连接了 400 个光电单元节点开始，几十年间随着计算机芯片的进步，神经网络中的"节点"增加到几万个，到后来增加到数亿个。各式各样的人工智能应用得以在这样的环境中被孵化。

当历史的车轮滚动到新千年，随着人工智能走入大众视野，面向网络环境的智能化中文信息处理平台得以构建，运用神经网络完成语言检索等自然语言处理任务的技术也得到应用。

2006年，在机器翻译领域深耕多年的李生连同刘挺所在的社会计算与信息检索（SCIR）实验室发布了一套自然语言处理及信息检索的系统化工具"语言技术平台LTP"，集成了包括词法、词义、句法、语义、篇章分析等10项中文处理核心技术，大大提高了语法解析、信息抽取、文本分类等自然语言处理任务的性能。包括百度、腾讯等在内的多家企业，都购买了LTP的使用权。

如今，随着自然语言处理技术从传统的统计机器学习转向以深度神经网络为代表的深度学习，自然语言处理技术的进步不断推动着人工智能的整体进展，而哈工大也已经成为中国的NLP重镇。

2024年1月19日，"国家工程师奖"表彰大会在北京召开。毕业于哈工大计算机科学与技术专业的王海峰成为四位获此殊荣的哈工大校友之一。担任北京百度网讯科技有限公司首席技术官的王海峰，在哈工大接受的第一个任务就是对汉英机器翻译系统CEMT-Ⅲ进行优化。以这一项目为契机，王海峰推开NLP领域的大门，并在未来的岁月里，成为NLP产业界的领军人物之一。

5

坐稳"冷板凳"，然后迎向光芒

走进哈工大主楼，古朴庄重的氛围感从殿堂般的高举架、"四大金刚"般的粗廊柱和"瘦金体"般的苏俄风格窗户中扑面而来。在走廊白色墙壁的两侧，一扇扇教室门中透出灯光，与头顶白色灯罩中洒下的光芒交相辉映，有一种不真实的科幻感，仿佛一扇门里面，就是一个深不可测的宇宙。

在很多哈工大人的记忆里，他们承担的国家级重大科研项目，就是从学校里这样一间并不宽敞的教室或实验室中起步的。怀抱坐住"冷板凳"的信念，许多哈工大人从零开始，探索科学技术前沿的"无人区"，谭久彬正是其中之一。

十八年磨一剑，这是人们从谭久彬1989年选择超精密测量与仪器技术这一前沿领域，到2007年领取国家技术发明奖一等奖证书的科研攻关历程中，总结出的一个关键词。

关于谭久彬的故事，我们要先从发表元素周期表的俄国化学家门捷列夫的一句名言开始讲起。

门捷列夫曾说："科学是从测量开始的"，"没有测量就没有科学，至少是没有精确的科学、真正的科学"。

关于元素周期律这一载入科学史册的伟大发现，曾经有一个带有传奇色彩的故事。1869年2月的一个夜晚，"真理女神"光顾了门捷列夫的梦境，这或许是科学史上最著名的梦境之一了。门捷列夫在日记中说："我在梦里看到一张表，表上所有的元素都排列有序。"醒来后，他匆忙写下了自己在梦中看到的东西，两周后发表了他的"元素推荐系统"。

不仅如此，门捷列夫还预言了一些未知元素的存在。1875年，法国化学家布瓦博德朗（L.de Boisbaudran）在分析比利牛斯山的闪锌矿时，发现了一种新元素。他把它命名为镓（Ga），并把这一发现及测得的比重（4.7）告诉了门捷列夫。门捷列夫在回信中指出，镓就是他所预言的"类铝"，并指出镓的比重不是4.7，而是在5.9—6.0之间。布瓦博德朗又重新测量了镓的比重，测得数值是5.94而不是4.7。这件事轰动一时，自此门捷列夫的元素周期律得到了国际公认。[①]

在研究元素周期律的过程中，门捷列夫通过对比元素的性质和相对原子

[①] 王士舫、董自励编著：《科学技术发展简史（第四版）》，北京大学出版社2015年版，第110—111页。

质量的大小，重新测定了一些元素的相对原子质量，先后调整了十七种元素的序列。而在此之后的 1893 年，门捷列夫被任命为俄国度量衡总局局长。在他的领导下，称量检验室、温度计检验室等多个实验室得以建立。门捷列夫用他广博的知识和出色的组织才能，用六年时间使俄国度量衡的精确度达到了先进国家需要十五到二十年才能达到的水平。这一系列的成果，都离不开测量技术发挥的作用。

在我们的日常生活中，测量无处不在。从长短、轻重、面积、体积到温度、时间等各个方面都需要进行测量。在疫情流行时，作为人体体征之一的体温受到极大关注，对于人体温度的测量就是一种物理量测量。

现代科学是在"假设—检验—模型—理论"的循环过程中建立和发展起来的。而测量的意义正在于，把测量精度提高一个数量级往往会产生新的物理发现。物理量单位的定义、测量值的精度、物理常数的大小及制约关系是否成立，成为检验物理定律的关键。

在经典力学里，物体的状态可以被精确测量，并且观察和测量对观察对象的干扰可以忽略不计。但在微观世界，干扰是无论如何都不能忽略的。比如说，如果有一人从实验平台旁轻轻走过，他的这一动作引起了气流的细微变化。我们平时根本感觉不到这一变化的存在，但这对精度需求极高的实验来说，就好像是刮了一阵飓风，会显著影响到实验数据。

那么精密仪器的测量精度有多高？在日常生活中，我们经常用"心细如发"来比喻对事物描述的精确程度。经测量，一根发丝的直径是 0.05 到 0.1 毫米。而对于一些超精密测量仪器来讲，这个精确度就远远不够了——它的精确度要达到头发丝直径的几千分之一甚至上万分之一。

精度数量级的提高，首先考验的是技术。超精密仪器核心单元的精度水平处于当前先进制造技术的精度极限。只有解决了超精密测量手段问题，才有可能解决超精密零部件和超精密装备的制造问题。

在当代科技和工业领域，高水平的精密测量技术和精密仪器制造能力，是一个国家科学研究和整体工业领先程度的重要指标,更是发展高端制造业的必备条件。有了一流的超精密测量与仪器技术,其他相关技术也会直接得到提升,特别是先进装备制造技术领域的实验能力和加工测量一体化技术水平,进而推动其创新能力和技术水平的迅速提升,这直接关系到一个国家核心竞争力的提升。

谭久彬在儿时看科普读物时,就立志要做一个"制造精密仪器的人"。1978 年,谭久彬考入哈工大精密仪器系。1982 年本科毕业时,系领导择优将谭久彬留在系里做助教。在此期间,他常常感到自己的知识比较匮乏,想要继续求学深造。1984 年,谭久彬考上精密仪器学科的研究生,并先后获得硕士、博士学位。

时间来到 1989 年,此时的谭久彬和同事们历时三年,已在精密仪器领域有所建树。他们刚刚完成了长达三年的前期预研工作,就撑起了一个大型专用精密仪器研制的项目攻关组。

回想那时,这个项目组可以说是白手起家、从零起步——没有实验设备、没有办公桌,甚至没有专门的实验场所。他和项目组的同事们看到有一间实验室里有个实验桌上摆的设备不多,就跟对方商量,能不能把这些设备腾到别的地方,把这张实验桌借给他们当办公桌用。这成为项目组最初落脚的地方。

"我天生就喜欢精密、复杂的东西,这样才有挑战性,所以我们这几个人一开始就冲着最难的目标奔去了。"谭久彬回忆起自己当时的选择说。

就在项目组把目光投向国际最前沿的"超精密测量与仪器技术"的时候,一个机会来了。当时,一个大型专用精密测量仪器"大型精密圆柱度测量仪"的研制任务下达到哈工大,哈工大当时没有人承接,拿到校外也没有人接下这个项目。后来,主管科研的强文义副校长想起来谭久彬这个年轻人,就问他能不能做。

"能!"谭久彬语带坚定。他已经为这一天准备很久了,他也有足够的底气来完成这项任务——前期开始这一方向的基础研究已有六年多时间，针对本项目的主要单元技术的研究也三年有余，在总体设计和关键技术方面已有一定积累，可以转入工程应用了。

但这个项目不仅有难度，更有时限。由于当时国家急需，项目必须在两年内完成。谭久彬他们开始与时间赛跑。此时，他的妻子正在瑞士读博士，他就把孩子送到姥姥家，除了睡觉吃饭，谭久彬和同事们基本泡在实验室里。遇上需要跟踪记录实验数据时，他们更是整夜地守在实验室，随时发现问题随时调整。

夜深人静，世界一片静谧。当人们都进入梦乡，恰好是攻关的绝佳时段。由于当时实验条件还不够好，白天外界的一丁点儿动静所带来的振动、噪音，都将对实验结果产生很大的影响。只有到凌晨三四点钟的时候，没有了喧闹、没有了干扰，才是做实验的理想环境。有多少个日日夜夜，这些年轻的研究人员，忙着忙着，一抬头，发现东方既白，晨练的人们陆陆续续地走出来，新的一天已经开始了。

由于这个项目是一个多学科交叉项目，涉及机械、光学、电子、传感、控制、材料等学科，远远超出项目团队的知识范围。材料方面缺人怎么办？请学校专门研究材料的专家参与；实验设备不够怎么办？远赴北京、上海等地实验室，跟人磨嘴皮子，等上很长时间，然后蹭人家的地方和设备做一个实验……

时间过去大半，一件意外的事情让谭久彬终生难忘。当工作台制作完成进行测试时，测试数据和设计指标一对比，偏差很大。此前批复的课题总经费还不到50万元，这个工作台就花了十几万元。现在数据有偏差、性能上不去，若重新做，经费不够不说，时间也不允许。

1995年的大年初三，实验室里灯火通明。团队成员们不断地做实验、找规律，就是要找出问题究竟在哪儿。经过一番繁杂的测试后，终于查出是材料热处理工艺出了问题。

材料出了问题，工作台只得报废。一向坚强的谭久彬忍不住流下了泪水。时至今日，回想起那次失败的经历，谭久彬还是不断摇头说："那次打击太大了，太大了。"

历尽艰辛之后，1995年，我国第一台大型专用精密仪器终于诞生。三年时间，一个奇迹就在"三人一桌"的课题组中孕育而生。1996年，这一项目获得航天工业总公司部级科技进步奖一等奖，1997年获得国家科技进步奖三等奖。

经此一役，经过深思熟虑，谭久彬下决心带领团队在大型超精密仪器技术这个十分重要的研究方向上坚持走下去。

"同类精密仪器或机床，国外的产品在国内卖到几百万，而我们的产品几十万甚至十几万都没人要，这是为什么？就是因为我们的精密程度不够。"谭久彬说，不仅如此，技术发达国家为了保持在该领域的先进地位，把永远垄断超精密装备技术、对中国进行技术封锁、使中国在这一利益丰厚且关系国家安全的高端技术领域永远落后于他们三代至五代作为国家战略之一。这导致我国几乎与高端装备无缘。因此，谭久彬下定决心，一定要为中国的大型超精密仪器与装备技术水平的提升做一些扎扎实实的技术积累，拿出能硬碰硬的东西来。

2007年2月27日，北京人民大会堂，国家科学技术奖励大会在这里举行。来自哈尔滨工业大学超精密光电仪器工程研究所的创新团队，以"超精密特种形状测量技术与装置"这一成果，获得代表我国发明创造最高水平的奖项——国家技术发明奖一等奖。

"超精密特种形状测量技术与装置"项目是应用于超精装备制造业的一项国际先进测量技术，直接关系到超精装备制造业的水平和能力。经过18年攻关，谭久彬带领研究团队解决了这一测量难题，使国家走出了长期以来不掌握核心单元技术、无能力自行研制大型高端仪器的困境。这一技术将广泛应用于大型先进装备制造领域，对我国大型高端装备整体技术水平的跨越式提升起到直接推动作用。

"要有一干就是十几年甚至几十年的劲头。"这是谭久彬瞄准国家需求不断实现突破的初心，也是很多甘坐"冷板凳"的哈工大人秉持的科研作风。

2012年3月3日，海洋二号卫星由航天科技集团公司交付给国家海洋局正式投入使用。此时，国家卫星海洋应用中心地运控大屏上，该卫星每时每刻的运行轨迹清晰可见。

较其他卫星不同的是，海洋二号卫星第一次搭载进行了我国首次星地激光通信试验并取得圆满成功。哈工大马晶、谭立英教授带领的科研团队解决了一个航天领域的世界级难题：如何使卫星所获取的海量信息快速、准确地传输给地面。

实现星地激光通信到底有多难？想象一下，在时速高达2.8万公里高速运动的卫星与地面站之间，平均有近两千千米的距离。在这一距离间，要实现微弧度量级精确双向极窄光束相互对准、传输信息，难度可想而知。韩杰才校长形象地将这一技术形容为"针尖对麦芒"。

所谓卫星激光通信，就是用"激光光束"把卫星与卫星、卫星与地面链接起来，形成空间的信息高速公路，通过激光进行高速信息传递。卫星激光通信的信息传输能力远大于使用微波作为介质的微波卫星通信，能够有效解决现代卫星技术发展所带来的数据传输瓶颈，形成空间激光高速实时信息网络。通俗地说，就是用激光技术开辟一条天地之间的虚拟"网路"。通过这一"天路"，卫星得以具有前所未有的极大信息传输能力。

为抢先建立这条"天路"、在空间信息领域掌握主动权，从20世纪60年代起，美国、欧洲、日本先后启动该项目，全力进行卫星激光通信技术的研究，而那时中国这一领域尚属空白。

当初，哈工大物理系青年教师谭立英选择卫星激光通信作为研究方向时，还不知道从哪儿着手。她在北京搜集了所有能够找到的相关资料研究学习后，迫不及待地把自己的想法告诉了丈夫马晶。

马晶毕业于哈工大物理系，曾在世界上最大的粒子物理实验室欧洲核子中心做访问学者。虽然留在国外会有很好的发展空间，但他认为自己的事业在中国，便毅然放弃了优越的科研和生活条件，回到哈工大，成为物理系的一名讲师。

在分析了妻子带回来的有限资料后，马晶说："咱们一起来做吧。"从此，夫妻二人一起走上了卫星激光通信研究的道路。这是一条在中国还没有人走过的充满荆棘和险阻的道路，但又是一条必须有人去探索的路。

那一年，马晶35岁，谭立英34岁。

从1991年到1995年，一千多个日日夜夜，无数次地论证和试验，他们终于完成了卫星激光通信的概念研究和单元技术研究，并初步掌握了关键技术。

但困难再一次摆在了他们面前。由于国内在这一领域没有科研项目开展，前期的研究已经让他们倾其所有，投入了自家多年积蓄的两万多元。如果继续投入，真的就要倾家荡产了。

几经辗转，谭立英找到了中国卫星测量、控制技术的奠基人之一，"两弹一星功勋奖章"获得者陈芳允院士。在了解了他们所做的工作之后，陈芳允激动地说："你们做得非常好！国家需要激光通信，也一定会支持你们的研究工作。希望你们能继续做下去，不要有任何顾虑。"

仿佛看到了暗夜里的一束光，马晶和谭立英朝着光的方向继续前进。1996年，哈工大向他们提供了5000元的科研基金，支持前期项目探索研究，解了燃眉之急。1997年，学校又拿出2.5万元的航天基金支持他们的研究工作。同年，他们获得了航天五院8万元的预研基金支持。有了坚强的后盾，他们的动力更足了。

单丝不成线，独木不成林。有了一定的研究基础和项目经费，马晶和谭立英逐渐组建起属于自己的科研团队。从1991年起，在20年曲折前进的历程中，团队已经从最初的两个人发展成为由百余名师生组成的科研基地。在测试攻关阶段，大家常常夜以继日地一干就是几个月。"样机对振动和温度都非常敏感，只好选择在后半夜调试。那时，我们经常整夜睡在实验室里，几个人轮流调试。"团队成员说，虽然条件艰苦，但大家把这一任务当成人生的一项挑战，并且是一项只许成功的挑战。

2007年1月，海洋二号卫星工程项目获得国家立项批复，并确定在海洋二号卫星上进行星地激光通信试验。在这项试验中，马晶担任海洋二号卫星副总设计师，负责星地激光通信试验，谭立英任星地激光链路系统总指挥。

在星地激光通信链路数据传输试验期间，由于当初对试验的复杂性及各部分工程任务量等估计不足，科研经费又一次出现了短缺。参与试验的团队成员自带行李，挤进了租来的简易房。马晶、谭立英把家里的电视机、窗帘、大米、土豆等一股脑儿地搬来了。

为了节省经费，所有研究人员每天中午都只吃6元的盒饭。到了晚上，忙碌了一天的谭立英又变身为厨师为大家准备晚饭。"我每次做的菜总会被大家哄抢一空。"谭立英笑着回忆说。

是什么力量支撑他们如此乐观地坚守理想呢？

"是哈工大，是卫星激光通信，是我们这个不计得失与名利的科研团队，让我们舍不得也放不下。"团队里的年轻人给出了这样的答案。

经过四年多日日夜夜的刻苦攻关，2011年8月16日6时57分，海洋二号卫星在太原卫星发射中心成功升空。

2011年10月25日，我国首次星地激光链路试验取得了圆满成功。这是我国卫星通信技术发展史上的一个重要里程碑。该项试验的成功，标志着我国在空间高速信息传输这一航天高技术尖端领域走在了世界前列。我国成为第二个成功进行卫星激光高速通信试验的国家，在国际上第一次成功进行了卫星与地面直接探测高速星地激光通信试验。

这一年，马晶 55 岁，谭立英 54 岁。

2012 年 2 月 21 日，在星地激光通信试验在轨测试评审会上，评审专家认为，星地激光通信试验星上终端工作状态稳定，各项功能和性能满足研制总要求，星地激光通信链路实现了快速捕获、全链路稳定跟踪和高速通信，圆满完成预定的在轨测试任务，链路性能达到国际领先水平。

卫星激光通信应用后，能够同时进行 3000 个高清晰电视信道广播，约 15000 个普通电视信道广播，明显拓展信息传播渠道。在减灾方面，这一技术也有十分广泛的应用。卫星上高清相机拍摄的灾害资料在利用这一技术后，能避免数据压缩导致的失真，将相关数据快速、准确地传输回地面，及时对灾情做出判断和预报。

首次星地激光通信链路试验取得成功，铺就了未来"天网"的一条"天路"，让"太空宽带"不再遥远。谭立英说，单个计算机是很神奇，但是只有联起网来才能发挥更大的效应。星地激光通信链路试验就是为了在轨验证卫星激光通信技术，为卫星的组网做准备，使得星地、星星之间链接起来，做到数据更加实时、准确地传输。

此后，马晶、谭立英带领的卫星激光通信团队取得了多项技术突破，攻克了多项国际难题。

2018 年 1 月 23 日，我国自主研发的新一代高轨技术试验卫星搭载的激光通信终端，成功进行了国际首次高轨卫星对地高速激光双向通信试验，取得圆满成功。这标志着我国在空间高速信息传输这一技术尖端领域走到世界前列，为后续天地一体化信息网络国家重大科技工程奠定了坚实基础。

"面向世界科技前沿、面向国家重大需求"，是哈工大坚持的优良传统，"把冷板凳坐热"，则在马晶、谭立英科研团队的故事里体现得淋漓尽致。

在数十年如一日潜心研究的道路上，很多哈工大人把自己的人生写成了一部传奇。

2019 年 1 月 8 日，在人民大会堂举办的 2018 年度国家科学技术奖励大会现场，随着摄像机摇臂的伸长和雷鸣般的掌声，所有人都注视着白发苍苍的刘永坦走上主席台。

年过八旬的刘永坦对这样的场合并不陌生，他曾在1991年和2015年两获国家科技进步奖一等奖。不过，当他领奖后于主席台就座，及至给其他获奖者颁奖，他的心中多少有些陌生感：自己40年甘坐"冷板凳"，关于他所从事的新体制雷达攻关，绝不轻易宣之于口。

有的人听说过他：堪称海防战线上的"扫地僧"，为攻关新体制雷达，他在荒芜的海岸线上埋头科研，带领一支"雷达铁军"使我国海域监控面积从不足20%提升到全覆盖，我国也成为世界上少数几个拥有该技术的国家之一。

更多的人却是第一次听到这个"干惊天动地事，做隐姓埋名人"的名字。

前文提到，1981年，刘永坦一回国便马上着手准备开启中国的新体制雷达研制工作。着手研制当时国内还无人做出成果的新体制雷达，这对任何一个科研工作者来说，都不是一个轻而易举的决定。

如果说雷达是普通人的眼睛，那么新体制雷达就是一双火眼金睛，它代表着现代雷达的发展。

要研制出这种雷达，对技术积累的要求极高。我国曾经对此开展突击性会战攻关，但由于难度太大、国外实行技术封锁等诸多原因，最终未获成果。

从零开始，刘永坦没有任何捷径可走，风险不言而喻。当时，一些科技工作者选择了"更好走的路"：沿着西方的既有路线做更容易出成果的研究，或者直接"下海"赚钱。他们知道，新体制雷达系统是一个复杂的综合系统，是一个结合理论研究和实践为一体的极其复杂的系统工程。一旦开始做，就不能指望和很多短平快的项目一样快速出成果，要耐得住寂寞，坐得住"冷板凳"。因此，这在某些功利性强的人眼里，性价比极低。在他们看来，刘永坦的路或许穷尽一生，颗粒无收。

"怕家国难安！怕人民受苦！怕受制于人！"

在刘永坦心中，这"三怕"早已重于任何个人得失。他知道，"如果别人做出来了，我们再跟着做，国家安全会受到影响"。

1982年初春，冰雪未融，但刘永坦内心火热。他专程赶赴北京，向当时的航天工业部预研部门介绍新体制雷达的大胆设想。没想到，这一设想当场得到支持。

刘永坦立即组建团队，用十个月时间完成了一份二十多万字的《新体制雷达的总体方案论证报告》。

"当时没有计算机，没有键盘和屏幕，有的只是墨水和普通稿纸。一页稿纸三百字，这份报告有七百多页。"首批六名骨干成员之一、哈工大教授张宁回忆说，几个月不眠不休，一直写到手指发麻、手腕酸痛，连鸡蛋都捏不住，"光写废的纸摞一起，就得有半米高"。

1983年夏，原航天工业部科技委员会召开方案评审会，对这份报告进行详细评审。专题会开了整整四天，最后与会专家们一致表决通过。专家认为，报告系统突破了地波激励原理、多类型目标散射特征、海杂波背景目标检测机理等基础理论问题，创建了新体制探测理论体系，实现了海防预警科技的重大原始创新。

理论突破是第一步，实验验证是"落地"的关键。

1986年，刘永坦又提出建立新体制雷达实验站的想法。不同于传统雷达，新体制雷达工程化的难度超乎想象。当时，位于山东威海的选址地一片荒芜，批复的经费在采购完必要的仪器设备后所剩无几，只够建起发射站和接收站。与此同时，发射机、接收机等模拟系统干扰太多、背景噪声过大、设备工作不稳定，且操作系统时常死机。这时，团队里有人打了蔫儿，有人发牢骚，但刘永坦斩钉截铁："每一个科研项目的成功，不都是从一次次失败中闯过来的吗？如果没有难点，还叫什么科研？只要齐心协力，就没有攻克不了的难关！"

随着实验推进，团队发现，研制出的雷达越靠近赤道，所受到的电离层干扰就越严重。在国际上，复杂的电波、海洋杂波干扰、对海对空兼容探测等一系列难题，也让大多数开展新体制雷达研究的国家卡在了实验验证的阶段。

当时的刘永坦已是两院院士、国家奖励获得者，很多人劝他"功成名就，别砸了自己的牌子"，他却说："科研成果如不能转化为实际应用，就如同一把没有开刃的宝剑，中看不中用。解决不了抗干扰问题，雷达就没有生命。"

设计—实验—失败—总结—再实验……一路跋涉。终于在2011年，具有全天时、全天候、远距离探测能力的新体制雷达研制成功。与国际最先进的同类雷达相比，其系统规模更小、作用距离更远、精度更高、造价更低，总体性能达到国际先进水平，核心技术处于国际领先地位，标志着我国对海远距离探测技术的一项重大突破。

2015年，团队再次获得国家科技进步奖一等奖。

刘永坦为自己的团队感到自豪。"我们团队的特点就是不服输，绝不向外面的封锁低头，不怕别人卡我们脖子，往前走，自主创新。"这个团队被人称为"雷达铁军"。

正如韩杰才所说："老一辈哈工大人风雨不动、盯住不放，数十年如一日围绕'国之大者'开展长周期接续攻关，为国家啃下'硬骨头'，这种传统我们可以称之为'十年一剑论'。"他说，无论是基础研究突破，还是核心技术攻关，其量变到质变的过程，都不以人的主观意志为转移，都需要长年累月的潜心耕耘才能最终开花结果。特别是对国之重器而言，无一例外都需要牢牢盯住问题，在理论研究和工程实践的反复迭代中孕育生成，都需要一代又一代的哈工大人以"勇闯无人区"的魄力和"甘坐冷板凳"的坚守才能打磨出来。

6 啃下"硬骨头"，瞄准下一个目标

在如今的哈工大，敢啃"硬骨头"，承担急难险重任务、瞄准"卡脖子"难题集智攻关，是哈工大人最突出的特征。

2005年11月，中石油吉化公司双苯厂爆炸，松花江水受到硝基苯和苯的污染，以松花江为饮用水源的哈尔滨市面临水污染威胁，情况万分危急。哈尔滨市政府马上关闭了松花江哈尔滨段取水口，并承诺停水三天后要让放心水重新进入千家万户，这项任务落在了哈工大市政环境工程学院师生们的肩上。

哈工大市政环境工程学院成立于1996年，源于1952年我国最早建立的给水排水工程专业和供热供煤气与通风工程专业。接到三天后安全供水的任务后，学院师生们立即行动起来，通宵达旦地在实验室里忙碌着，奔走于学校与水厂之间。哈工大李圭白、张杰两位院士和马军教授参与到建设部"哈尔滨市恢复城市供水专家咨询组"，崔福义、李伟光两位教授参与到建设部赴达连河镇专家咨询组，赴现场作技术指导。

接到任务时，马军正在外地开会。他连夜赶回哈尔滨，家也没回，直奔水厂的水质中心现场。马军顶着巨大的压力，组织近三十名博士、硕士分组夜以继日地开展小型模拟试验。

终于，在争分夺秒的模拟测试之后，马军和同事们按时拿出了最佳的处理工艺技术参数，在水厂提交专家组会议审核，最终被确定为进行恢复供水生产试验的技术参数，为保证按时恢复供水提供了技术依据。

谈到当时的感受，马军显得很平和："我负责水厂工艺试验方面的工作，要尽可能地考虑到风险和方案的可行性。为了抢时间，及时恢复供水，一些专家、老教师及省市领导和我们在一起,每天开会到凌晨。我感觉责任重大,但因为平时研究的积累,我的信心非常足。在大家的同心协力下,方案很快形成。"

任务圆满完成后,哈工大受到了省、市和国家建设部的表彰。建设部特地给哈工大写来了感谢信。

在此后的几次饮水安全问题发生后,马军和有关专家组成员及相关政府部门连同自来水公司一起协商提出治理方案,保障了居民的饮水安全。2007年全国两会前夕,马军作为"两会特别节目"《小崔会客》的特派义工前往陕西省志丹县的一个偏远山村,其主要工作是对陕西农村水资源状况和饮水问题进行调查,并在进行研究后形成可行性的治理方案。让他印象深刻的是,因为陕西一些农村地区缺水很严重,许多农户甚至要半夜去深沟里找水,因为太阳一出来,沟里的水蒸发速度快,可能会打不到水,所以村民经常排长队等着挑上沟里少量的渗出水。同时这些地方的水质也存在很大的问题。

在对当地农村用水情况做了深入调研之后,马军作出了一个决定:免费为陕西农村供水提供各种服务,指导他们如何获得经济、低耗、简便的饮用水水质处理方法,包括通过办班的方式为当地农民介绍基本的饮用水处理常识,以及为当地培训水处理技术方面的业务骨干。

在哈工大,"啃硬骨头"的案例不胜枚举,或许在这个词还没有被赋予这么形象而深刻的含义时,哈工大人已经实践了这一精神。

改革开放后的哈工大,迫切需要在"科学的春天"里一展身手,让各个优势学科前沿的研究结出硕果。

20世纪90年代初,哈工大在松花江北岸的太阳岛教工活动站召开了一次会议,后来这次会议被称为"江北会议"。会议分析了哈工大的发展形势,认为哈工大必须深化改革、乘势而上,"靠天、靠地、更要靠自己"的"三靠"决策顺势而出。这里的"天",指航天项目,"地",指黑龙江省党委政府和人民。但更重要的是，要在这片黑土地上续写"八百壮士"的传奇！

会议召开后不久，哈工大便承担了国家重大科研项目——世界第三大真空容器空间环境模拟器6号。哈工大用自己的实力和坚忍不拔的精神，组成多学科研制队伍，并选择全国一流的企业、一流的专家队伍和一流的施工队伍进行大协作，解决了超大法兰盘、超大封头的成形、焊接和大型构件现场精加工等多项技术难关，仅用3年时间就以最好的质量和最快的速度圆满完成了空间环境模拟器6号，并获国家科技进步奖二等奖。空间环境模拟器6号的成功，使"神舟"系列飞船的成功发射有了坚实的保障。高22.4米、直径12米的空间环境模拟器6号是北京唐家岭工地上建立起来的第一个庞然大物，也是航天城的第一个巨人。

空间环境模拟器6号一炮打响，令哈工大名声大振。通过这个项目，哈工大向外界证明，哈工大有能力搞好校内校外大协作，承担更重大的工程项目，承担更艰巨的任务。通过承接航天急需的工程项目，哈工大在为航天事业发展作出贡献的同时，也形成了学校科研活动的航天特色。

7 创新之树常青

从月球车到火星车,从冬奥会火炬到测绘机器人,哈工大人层出不穷的创新成果,与哈工大创新的教学模式、浓厚的科创氛围、与国际接轨的运行机制密不可分。

手机带入课堂、86英寸大屏幕成为学习阵地、师生之间进行角色互换……在哈工大,有这样一种智慧教室给学生带来全新的教学体验。

走进对比探究教室,人们有种耳目一新的感觉:这间教室为教师配备了86英寸LED液晶屏触控一体机,能够将多种视频、照片、幻灯片、网页对比呈现,触摸选择、手写白板等功能也一应俱全。学生小组则配备了55英寸触控一体机,使学生能够更加轻松便捷地记录个人观点和想法,学生自主操作更简单、选择更全面、内容理解更透彻。围坐一旁,就能全方位观看屏幕上展示的问题。通过多种资源的同时对比,再复杂的问题也能变得清晰明确。

在另一间手机互动教室里,学生通过教学软件,在手机、电脑等移动端进行课前签到,在课堂上发送弹幕,用手机交作业、做测试。学生们既可以用手机实时交流课上知识,也可以用手机留言向老师提出疑惑。老师提问时,也可以用手机抢答。

在分组研讨教室,桌椅摆放看似很"随意"——自由布置的圆弧形桌椅,配备小组学生机器、应用教学互动软件,但在这里能体验到更加灵活的师生交互模式。上课的教师可以监看学生屏幕,也可以进行屏幕翻转,让学生的屏幕变成主屏幕,让学生直接进行教学演示,师生角色瞬间实现了互换。

"在这里，我们能更公平地参与课堂，共享知识点，老师也能更客观、更科学地了解大家对知识点的掌握情况，及时调整教学计划，真正做到了因材施教。"学生王煜说。

哈工大充分发挥信息技术的优势，以智慧教室、数字图书馆等推进教学环境整体改造，全面打造"云＋端"一体化泛在教学空间，承载教学内容、教学方法、教学评价等各方面的系统性重塑，助力信息时代以学生发展为中心的人才培养体系构建，服务系列金课优质资源的广泛共享，以信息技术创新教学方法和教学模式的改革。目前，学校已经实现了以数字化、研究型学习为特征的新型课堂教学形态，促进大数据模式下多维度、多主体、可量化的教学评价新体系，创建泛在教学空间充分利用信息技术的育人新生态。

智慧课堂只是哈工大教学方法改革的一角。哈工大教学从规模上讲有小班授课、研讨型教室、项目团队实践等；从模式上讲有翻转课堂、混合教学、信息化、网络化等；从方法上讲有互动式交流、启发式讲解、探究式讨论等；从学习上讲有自主学习、深度学习、协作学习、以做代学、以赛代练等。而在人才培养的体系构建层面，哈工大加快推进人才培养供给侧改革，持续加强"五育并举"顶层设计和资源供给体系，创新科教融合、产教融合育人模式，成立了全国首批未来技术学院、国家级创新创业学院等平台，推出了本科综合设计（论文）答辩申请制等一批创新举措，大力探索本硕博贯通培养的弹性学制改革。

2023年4月，哈工大以部分学院为试点，以能力和水平为标准，打破传统本科毕业论文（设计）只在毕业前才答辩的模式，设立本科综合设计（论文）课程代替传统的本科毕业论文（设计），实施本科综合设计（论文）结课答辩申请制。

哈工大2020级核工程与核技术专业本科生夏嘉俊是这一政策的受益者之一。夏嘉俊从大二下学期起加入了何玉荣教授课题组，并在日复一日的科研训练中逐步从科研"小白"走上了科研之路。结合个人的研究兴趣，经过与导师的讨论，他选择电动汽车电池热管理领域相关问题作为综合设计（论文）方向，并顺利完成了从论文开题到撰写再到论文答辩各环节。

"接下来，我将在论文研究的基础上进一步深化，争取做出更多成果，并在大四提前选修研究生课程，为毕业后直接攻读博士学位做好充分准备。"夏嘉俊说。

无独有偶，同样是大二加入课题组的能源学院2020级本科生于仙朋也在何玉荣的指导下完成了综合设计（论文）答辩。

在大三最后一门考试前，导师何玉荣带给于仙朋一个好消息：哈工大以部分学院为试点，打破本科毕业论文（设计）只能在毕业前答辩的传统，设立本科综合设计（论文）课程，可以在大三暑假前申请答辩。

此前，于仙朋曾作为组长参加第十五届全国大学生节能减排社会实践与科技竞赛并斩获一等奖，他的科研能力得到了提升。在接到通知的第二天，何玉荣和于仙朋确定了毕业论文的选题：基于BiLSTM方法的锂电池健康状态与剩余寿命预测。

"时间非常紧张，何老师不断鼓励我，传授我答辩技巧。一个月内，我完成了包括文献调研、数值模拟实验以及论文撰写等工作，最后顺利完成了答辩。"于仙朋说，"这三年，我一直瞄准储能和新能源领域。从大一年度项目计划、科创、竞赛到本科综合设计（论文），我所做的工作并不是孤立的。曾经的科研成果在毕设中发挥了作用，每一次的学习都让我潜移默化地提升。"

和夏嘉俊一样，于仙朋也选择在本科毕业后直接攻读博士学位。"未来，我希望可以结合个人兴趣和特长，结合国家重大需求深入开展研究，为实现'双碳'目标和建设美丽中国贡献力量。"于仙朋说。

哈工大设立本科综合设计（论文）课程，着重考查学生的综合能力和系统思维，学生将项目内容及创新成果与本科综合设计（论文）相结合，撰写的综合设计（论文）满足学校质量标准，即可提前申请结课答辩，通过后获得相应成绩和学分。

2023年4月，哈工大在部分学院开始试点提前申请毕业答辩，接下来将结合先行先试积累的经验，进一步总结完善可推广的成套做法，逐步推广到全体本科生。

"可以说，一系列超常规、颠覆性的举措纷纷涌现，为的就是把杰出人才培养的供给端持续做大、做精、做强。"熊四皓说。

走在哈工大的校园里，处处可见学子们创新的印记。哈工大持续完善"四年不断线"的实践教育教学体系，围绕学生成长不同阶段的学习重点和成长关键点，构建了从大一年度创新项目、大学生创新创业训练计划、各类高水平学科竞赛，到课程设计、毕业设计等大学四年环环相扣、一以贯之的实践教育教学体系，鼓励学生尽早参与科研活动，尽早进实验室成为课题组的初级成员，搭上科研的快车。

作为学生创新创业的"第一站"，大一年度项目计划注重激发学生自主创新的积极性，是引导本科生开展创新创业的重要起点。自2011年实施以来，大一年度项目计划已累计完成立项11000余项，结题9500余项，参与人数超40000人次，年平均立项846项，院士、国家级高层次人才、国家级青年人才等11000人次参与指导。通过参与项目，学生不仅激发出创新创业兴趣，树立了创新创业意识，其创新创业能力也得到了提高。

"如果没有大一年度项目计划，我不会找到我的科研方向。"哈工大航天学院2020级本科生宋炳榕说，他通过大一年度项目，做出了一个完整的机器人，获得全校第一名的成绩，并在此基础上进一步拓展，获得第八届黑龙江省"互联网+"大学生创新创业大赛金奖。

哈工大校园的创新氛围真正"出圈""破壁"、为人所熟知，还要数2022年哈工大录取通知书的火爆登场。2022年暑假，哈工大的高考录取通知书大礼盒刷屏了——打开外层的蓝色PVC外盒和银灰色封套，里面是采用不规则结构设计的哈工大录取通知书，形状酷似芯片主板，未来科技感十足，哈工大自主研制的金刚石/蓝宝石镶嵌其中，彰显着学校在新材料研究与应用方面的硬核实力和使命担当。

这一设计的主题名为"耀·科技",展示出的是"分享"的理念。哈工大希望学子们赓续哈工大校训传统,薪火相传,生生不息,为了广袤宇宙的星辰大海而不断求索。

到了2023年的毕业季,哈工大的录取通知书再一次火上热搜。

2023年的哈工大录取通知书以"传承"为主题,通过给每位学子一份可以登上火星的"超级涂层"来呈现。这个"超级涂层"很有些讲究,是由哈工大空间表面化学工程与防护技术研究中心制作的"HIT"书签,它的表面拥有一种特殊涂层,能在深空极端环境下不褪色不脱落,是在我国"天问一号"火星探测器上展示五星红旗和冬奥会、冬残奥会吉祥物图案的重要材料。

这样的通知书,被很多网友称作"宇宙级浪漫"。小到录取通知书,大到"哈工大星"雕塑,哈工大处处都体现出灵动、创造之美。身处这样的环境,让人内心不由得生出强烈的创造欲望。

在丰富多彩的校园活动中,学生社团是光彩夺目的主角。通过完善相关

哈工大2022年、2023年录取通知书

制度、拓展活动空间、搭建展示平台，哈工大学生社团育人功能得到充分发挥。如今，哈工大共有社团141个，其中，哈工大竞技机器人队获评全国高校"活力社团"TOP10，MUSICA室内合唱团在第十五届中国国际合唱节获得金奖，北极星支教团获"全国'三下乡'社会实践优秀团队""全国大学生科技志愿服务示范团队"，心理学社入选团中央首批直接联系、跟踪培养的高校学生心理健康社团。

"在哈工大，只要敢尝试，学校总会给我们出彩的机会。""哈工大为学子成长提供了无限可能。"……如今，哈工大已形成了校团委、本科生院、研究生院、科工院、招生就业处等多部门协同开展大学生创新与创业实践活动，推动大学生创新创业的机制，得到了学生们的积极响应。

有学生的热情参与，有学校的大力支持和引导，有全校的合力推进，创新创业正在成为哈工大学生的一种自觉行动，一批创新创业团队在一校三区相继涌现。

也是在这样的创新氛围下，哈工大面向世界科技前沿、面向经济主战场，在与国家同呼吸共命运中不断创新，在我国高科技领域创造了一项又一项奇迹，填补了一个又一个国际国内空白，取得了令人瞩目的成就。

党的十八大以来，学校超前谋划一批重大项目和攻关方向，取得了一大批原创性成果，共荣获国家科学技术奖67项，其中牵头获国家科学技术奖43项，获奖数量位居全国高校前列，刘永坦院士荣获国家最高科学技术奖。与此同时，先进微小卫星平台技术研究、星地激光链路试验、空间机械臂技术、星箭一体化飞行器技术、高效率高比冲磁聚焦霍尔推进技术、新一代飞船轻质多尺度抗烧蚀防热复合材料技术、天问一号火星探测器形状记忆智能展开结构技术等9项成果入选"中国高校十大科技进展"，独立完成项目数居全国高校第一。

近10年来，哈工大聚焦国家重大战略需求集智攻关，一大批关键核心技术成功应用于载人航天、"嫦娥"奔月、"天问"探火、"中国天眼"、北斗导航、C919、"华龙一号"等国家重大工程，创造了一批"首次""第一"。

全程参与探月工程"绕、落、回"三个阶段研究工作，多项技术成果鼎力支持嫦娥五号完成我国首次地外天体采样返回任务，参研参试团队受到习近平总书记亲切接见。天宫二号空间机械手成功完成国际首次人机协同在轨维修试验，习近平总书记在中国载人航天工程指挥中心观看了试验过程。小机械臂升空助力空间站建设，圆满完成支持航天员出舱活动、科学载荷照料等多项任务，在支持航天员完成出舱任务时得到航天员刘洋的赞誉"小机械臂动作精准、无需微调"。火星车移动系统、转移坡道机构为"祝融号"实现火星表面巡视探测"搭桥开路"，中国国旗锁紧展开机构、天问一号探测器搭载的五星红旗、火星环绕器制动捕获方案论证与关键技术攻关等多项成果助力我国首次火星探测任务。全球首创主动反射面结构系统被称为"中国天眼"三大自主创新之一，为超级"天眼"提供强有力的技术支撑和保障。

在基础研究领域，哈工大不断加强谋篇布局，实施"0-1"原创探索计划等系列举措，设立原创前沿探索基金，开展"揭榜挂帅"制度，建立数学研究院、生命科学中心等科研特区，持续提升原创性、引领性科技攻关能力……在浓厚的创新氛围影响下，越来越多的科研成果相继涌现，越来越多的哈工大师生受到激励，学校创新创业政策也在臻于完善。

展望未来，哈工大的科技创新之花将像校园里的丁香花一样，绚丽芬芳，多姿多彩，满园飘香。

第五章

功夫：绚烂之极归于平淡

● ● ●

所谓大学，非有"大楼"之谓也，乃有"大师"之谓也。

一个人遇到好老师是人生的幸运，一个学校拥有好老师是学校的光荣。哈工大就有这样一批批的大先生，他们一代代地传承"八百壮士"精神，使哈工大这所百年高校生机盎然，不断向世界一流高校迈进。

老一辈"八百壮士"，怀着科学救国、教育强国的崇高理想，把国家的需要作为个人的奋斗目标而不断上下求索，在科研与教育中诠释生命的意义，在清贫与寂寞中挖掘科学宝藏，在坚持与奋斗中追求祖国荣誉，"此生所愿艳桃李，路石人梯荐白头"。他们启航于五湖四海，落脚在松花江畔，在哈工大挥洒青春与汗水，奔赴光荣与梦想，创造了一个个奇迹。在他们的言传身教下，更多的"八百壮士"成长起来……

1 为学：我的成果将可能使我这个普通的生命生辉，以至永恒

一位面色苍白的病人坐靠床头，身前是一张茶几，上面堆着一叠厚厚的稿纸。他算着，写着，全部精力都集中在细细的笔尖上。一阵剧痛自下腹部袭来，他的脸部霎时扭曲，细汗自额头渗出，手掌也下意识地按住了肚子。待疼痛刚有缓解，他又拿起笔，算着，写着……

两百多天过去了，两篇关于计算学习理论的重要论文和一部关于机器学习理论的专著完成了。半个月后，这位病人离开人世，神态安详。

在继续讲述这位病人的经历之前，我们先来进行一段设想：假设我们在观看一部好莱坞电影，当正义的男主角遭到反派围攻、被逼入绝境时，我们知道主角肯定会反败为胜，除非还有续集；在一部爱情片展示男女主角爱情屡遭考验的桥段时，我们知道正在登场的英俊男配角或温柔女配角肯定会成为制造误会的第三者。

我们在上段文字中做出的两个判断，都是基于以往的观影经验。人类利用以往的经验，可以推演出未来事物发展的一定规律。那么计算机在这一方面能做到什么程度呢？这就是"为学"这一节我们首先探讨的主题：机器学习（Machine Learning）。

机器学习与人工智能技术密切相连，是一种构建 AI 系统的特定方法，其核心思想是让计算机根据已有数据自主建立模型，以解决新问题。在《机器学习》一书中，有"机器学习教父"之称的作者汤姆·米歇尔（Tom

M.Mitchell）给出了机器学习的定义：假设用 P 来评估计算机程序在某任务类 T 上的性能，若一个程序通过利用经验 E 在 T 中任务上获得了性能改善，则我们就说关于 T 和 P，该程序对 E 进行了学习。通俗地说，机器学习就是通过赋予计算机、机器人从数据和模式中"学习"的能力，让它们从中找到规律性的经验，从而对新数据做出准确的预测或分析，变得更聪明，具有更好的性能。

二十多年前，新华社的一篇报道《死神夺不去的光荣》感动了社会。这篇报道的主人公洪家荣，正是前文提到的那位直到生命尽头还在奋笔疾书的病人。

如果按照"八百壮士"的辈分排序，洪家荣属于老一辈"八百壮士"的亲传弟子。1964 年，洪家荣从哈工大数学系毕业留校任教。1994 年，洪家荣在美国麻省理工学院做高级访问学者期间，曾自费参加过一次计算学习理论（COLT）国际会议。他发现，自己是计算学习理论创立以来第一个参加相关会议的中国人。外国专家在会场上的傲慢态度让他在当时就暗下决心，一定要为中国人争得一席之地。

回国后，洪家荣马上展开计算学习领域的研究。在充分掌握该学科最新发展脉络的基础上，他凭借自己在相关领域扎实的学术功底，很快掌握这一学科的知识，并在一些热点问题上获得了重要的成果。

1996 年 6 月底，正当洪家荣与学生刚刚着手将成果写成论文的时候，由于突发剧烈的腹痛，他住进了医院。一纸晚期结肠癌肝转移的诊断，判定这位哈工大教授的生存时间只剩三个月。

按说人之将死，应该已将世俗名利抛诸脑后了，洪家荣却担心论文没有时间完成。洪家荣的担心并不是为了名利。论名，洪家荣是最早取得国际性声誉的计算机科学家。他提出的一种示例学习计算理论，被国际机器学习界命名为"洪氏扩张矩阵"；他与美国著名机器学习专家麦柯尔斯基合作设计并由他本人实现的一种通用知识自动获取系统，被国际同行公认为"当今世界两种最著名的归纳学习技术之一"。论利，他独自编程、包括四万多个语句行的"多功能智能软件包"，可以通过模拟人类思维发展的认识论过程获取专家直觉，已在工农业等领域得到广泛的实践应用。生命的最后时刻，他看中的是让中国在计算学习理论领域有一席之地。

结肠改道手术一周后，伤口还没有完全愈合，洪家荣便迫不及待地在病床上开始了工作。妻子流着泪劝他："看你都病成啥样了，有什么东西比生命还重要吗？"洪家荣说："这件事不做完，我于心不甘。"

1996年9月底，两篇论文完成定稿。在此后不久举行的一次国际学术会议上，他的学生陈彬代替身染沉疴的老师宣读了论文，论文在与会的高级专家中引起强烈反响。

拼命工作的执念，支撑着洪家荣顽强的生命。到1996年10月，专家预测的三个月生存期已过，死神并没有到来，不过，洪家荣却坚决地出院了。他对妻子说："我的病已没有治疗价值。回家后，只要死神再给我一点时间，我还要完成最后一个心愿。"

洪家荣的最后心愿是写一本关于机器学习理论的专著。然而，此时他面临的却是常人难以想象的病痛：持续高烧，腹部膨胀，肠子经常从改道后重置的排泄孔涌出，需要家人帮着用专门的器具按回去；由于多种并发症的出现，下肢严重浮肿，原本七十五公斤多的体重只剩下五十五公斤。为了从死神手里争得更多的时间，他两次接受了比病痛更难忍受的介入疗法；为了节省有限的时间，他谢绝了亲朋好友的探视。忍受着难以想象的病痛折磨，他把最后一点气力全部倾注到一页页的书稿上。

1997年1月底，洪家荣终于为二十多万字的《归纳学习：算法理论应用》书稿画上了最后一个句号。

在病痛难忍的时刻，洪家荣念念不忘的是，在参加"计算学习理论会议"时，外国专家的傲慢态度。他在遗书中写道："能够在临死前把《归纳学习：算法理论应用》献给祖国，我总算可以瞑目了。遗憾的是我不能亲眼看到这本书出版，请烧一份复印的手稿陪我去吧！"这部著作归纳了他全部的重要研究成果，浓缩了他短暂而辉煌的一生，也谱写了一曲名为光荣与梦想的最后华章。

像洪家荣这样潜心为学的教师在哈工大处处可见。从 1994 年至 2003 年，10 年间，哈工大有 14 位教授入选中国工程院院士，1 位教授入选中国科学院院士。从时序上看，院士们的业绩，多是在艰难困苦中取得的。

中国工程院院士、中国系统仿真学会原副理事长王子才，1951 年以优异的成绩考入哈工大，成为当年国内第一个自动控制专业的学生。在 20 世纪 80 年代，由于对复杂大系统进行分析与设计的需要，以及计算机技术的突飞猛进和周边学科相关理论与技术的突破，仿真技术得以迅速发展。发现新的研究领域发展机遇的王子才，决定建立仿真技术研究中心。

国家仿真中心在北京成立后，1987 年，哈工大仿真技术研究中心在控制制导与仿真专业基础上成立。这一年，王子才 55 岁，已经为控制技术领域的突破作出重大贡献，然而，此刻他选择在仿真这一分支领域重新开始。

对于 50 多岁还敢于重新开始的王子才，周围很多人不理解。面对科研经费不足、人才缺乏等困难，一向注重实干的王子才并不气馁，而是继续全身心地投入。

1990 年，研究中心承接了吉林省的一个锅炉仿真系统项目，结果非常成功。1992 年，研究中心又中标了黑龙江省电力局富拉尔基发电厂建造电站仿真系统的项目。1993 年，国内第一台高性能电动仿真测试钻台在哈工大仿真技术中心研制成功。1995 年，黑龙江省第一台 20 万千瓦电站模拟器大功告成。

当年，20 万千瓦电站模拟器要按用户要求的期限保质保量地完成。几百块仪表、上千个可测点、几千个可测数据都要一一体现出来。而且仿真仪表后面没有水和油的指标，需要用电量来模拟水和油；真实的盘台仪表后面还应该有锅炉、汽轮机和电机等一套庞大的系统，仿真系统后面则没有这些，完全要由数学模型表现出来，这就意味着在建造锅炉、汽轮机和电机系统的数学模型过程中，必须深入了解汽轮机和锅炉的物理过程。王子才便带领课题组成员，一边学理论，一边向电厂派来配合工作的工人师傅学实践操作。

整整一年半的时间，王子才和同事们没日没夜地忙碌着。"从来没有休息日，一辈子没有礼拜六、礼拜天的概念。我不能像王子才这么干，这么干我就死了。"目睹了王子才的干劲，很多人承认自己只有望洋兴叹的份儿。最终，这一项目荣获国家科学技术进步奖三等奖。

王子才说："成功者各有各的成功，但成功之路是只能用智慧、勤奋、艰辛和执着的追求来铺就的。"严谨勤奋的背后透露着院士做人的态度："生活的过程就是追求幸福的过程，对我们来说研究出新成果才能带来最大的幸福。"

2023年12月13日，王子才院士因病医治无效在哈尔滨逝世，享年91岁。巨星陨落，人们读到他在2020年接受采访时曾说过的话："从读书到工作，如果说取得了一些成绩的话，要感谢党和国家多年的培养。只要身体条件还允许，我就希望能为学校、国家多做点事。"

鲁迅说："自古以来我们就有埋头苦干的人，有拼命硬干的人，有为人民请命的人，有舍身求法的人……这就是中国人的脊梁！"

就是这些中国的脊梁、哈工大的"八百壮士"，将学者的博大、为人师表的高洁、不畏权威的执着贯穿在学术研究的过程中。

在追求真理的路上，雷廷权是一位不畏权威、严谨治学、敢说敢为的学者。他带头在我国开展双相钢与双向组织热处理研究，首先发现了相硬化和相软化的现象，在双向组织微观变形与断裂行为、双向钢铁强度理论及实践应用等方面提出了一系列新观点。1983年，雷廷权大胆指出，当时世界公认的迈克曼的"回火脆晶界偏聚理论"有局限性。他发表《具有不同原始组织的 O$_3$C-Cr-Mn-Si-2M 钢的回火脆性》认为，内耗法是钢铁热处理中研究碳、氮等原子扩散规律的有效手段，提出了高温回火脆性是由 α 相中碳化物微沉淀引起的"沉淀—偏聚"新机制[①]。

迈克曼是世界金属材料界的一位权威。当 1983 年他在英国《金属科学》杂志上读到雷廷权的论文时，其"回火脆晶界偏聚理论"已经问世二十多年并被广泛应用了。他致信给雷廷权反驳说："不可能把回火脆性和内耗曲线上的变化联系起来。"但雷廷权仍然坚持自己的观点。直至 1985 年 2 月，迈克曼终于心悦诚服地接受了雷廷权的内耗试验结果，在写给雷廷权的第二封信中写道："我们相信碳化物沉淀是合金钢失效行为中一个重要因素，因此，是能够导致脆性的。"

让我们把视线转回到洪家荣的身上。在他去世前的最后一个教师节之际，他以惊人的意志力在所剩无几的生命时间里撰写《归纳学习：算法理论应用》之余，还"忙里偷闲"写下了一篇名为《生命的价值》的文章，解释了在生命最后的时光里如此拼命努力的原因和经过。在文章的最后，他以这样一段话结尾：

是的，现在我感到很充实，也很满足，我的成果将可能使我这个普通的生命生辉，以至永恒。正如青年时代的马克思与恩格斯常说的：我们在为人类工作。我感到，为革命、为科学作出重要贡献的人，他们其实正是为人类工作，他们的英名和业绩将永远载入史册。

[①] 张妍：《他，也是一块"特种钢"——记中国工程院院士、哈尔滨工业大学雷廷权教授》，节选自王福平主编：《八百壮士（第二卷·雷廷权卷）》，哈尔滨工业大学出版社 2010 年版，第 7 页。

生命因精神而不朽。哈工大"八百壮士"精神诠释的,正是这个朴素的真理。

2 为事:用极致的敬业与极强的信念,洞见未来发展的方向

"非常感谢大家对我的包容!我这个人脾气不好,有时候甚至会发火,但是大家却从来没有为此跟我计较过什么。"身材高大魁梧的曹喜滨是一位院士,也是一位性情中人,为人乐观直爽,生活中经常能听到他爽朗的笑声。但在工作中,曹喜滨严肃认真,一丝不苟,非常反感华而不实的作风。对于不符合工作要求的行为,他经常会给以严厉的责备。

身为小卫星总设计师,曹喜滨一直处在压力的风口浪尖上。面对压力,他选择的是越挫越勇,迎难而上。

在立项的时候,"试验卫星三号"发射任务的时间已经确定。留给卫星技术研究所的研制时间只有两年半,非常之短。这期间要完成立项准备、方案评审、元器件筛选采购、初样和正样研制、转场发射等所有项目工作,工作任务庞杂烦琐,卫星技术研究所人员有限,而且除了"试验卫星三号",卫星所还有别的项目和工作在同时推进。但这么多年来,曹喜滨和他的团队在风雨兼程中,已经学会举重若轻。正如当年有人说哈工大卫星所是小卫星研制队伍里的"土八路",他当即乐观地表示,只要能打仗,"土八路"怎么了?我们愿意做"土八路"。

"对于一个想要有所成就的人,坚持学习积累、努力超越自我是永恒的任务;对于一个求生存谋发展的行业,着眼改革实践、不断探索创新是一个

不变的主题。"这是曹喜滨十几年来在航天领域和教育战线上拼搏进取、不断创新的真实写照。

诚实、敬业、踏实是曹喜滨在做事时最看重的品质。他说自己对别人要求很严,其实他对自己要求更严。平时只要他不出工,早上七点就一定会到办公室,即使是周六日。一年到头,卫星所没休过周六日,也没有寒暑假。即使过春节的时候也是大年三十才休息,正月初三又开始上班,而曹喜滨更是过完大年初一就到单位工作了。

在学生眼里,曹喜滨是公平谦逊、和蔼可亲的优秀师长,是学生的良师益友。"曹老师工作时很严厉,但绝对是对事不对人,他私下里很友善。相比之下反差挺大,但这样全面而真实的曹老师才让人觉得可亲可近。""曹老师的压力很大,我们只是做具体的活儿,累点也只是身体上的劳累,精神上的压力到不了我们这儿。曹老师他们则不然,总是有千丝万缕的事情等着他们去协调,有技术上的、管理上的。"卫星所里的年轻人坦言,有时候看曹老师在很难的情况下依然保持乐观,想办法去前进,有一种很悲壮的感觉。

多少年来,"不带问题进场,不带问题上天"是曹喜滨和团队心里一份沉甸甸的责任感。它是压力,也是动力,随着时间的累积,更变成了一份信念,支撑着团队在风风雨雨中笃定向前的脚步。正如曹喜滨所说,做的时间久了,就对卫星和这个团队有了一种特殊感情,"这种感情无法割舍,也不能割舍"。

研制中国第一台能说话、会下棋的智能下棋计算机的经历,是让参与主持筹建哈工大计算机专业的吴忠明铭记一生的记忆。

1958年,正值全国开展教育大革命。受到科研传统教育的哈工大计算机专业学生,在中央提出的"全国十二年科学发展规划"和"向科学进军"号召的鼓舞下,凭着年轻人敢想敢干的精神,响亮提出:"我们专业向国庆节献什么礼？我们也要做计算机！"这一天马行空的建议着实难坏了刚刚成立不久的计算机教研室的老师们。根据学校当时的技术条件，在短期内研制通用数字计算机是不可能的。

在这种情况下，时任计算机专业主任兼教研室副主任的吴忠明思来想去，拿出了"三堆数字下棋计算机"的设计方案。这也是华罗庚1957年访问哈尔滨时建议他设计的。陈光熙和教研室的老师充分论证后，认为设计方案完全可行。这一方案随后获得学校批准，并得到了时任副校长高铁的大力支持。

方案获批后，计算机专业的老师和学生们就全部行动起来。陈光熙自告奋勇负责机柜的机械工艺设计，并亲手为这台机器提出了数学模型和逻辑设计方案。他带领吴忠明、李仲荣等年轻教师，研究生和部分本科生投入研制下棋智能计算机的战斗中。

那时，教师和研究生们各自都有教学任务，大家白天上课，晚上分头攻关。在电机楼地下室，二、三年级的同学们热火朝天地用老虎钳敲敲打打做钣金加工。实验室里则是另外一番景象：有的做线路定型，有的搞机盒焊线，都是静悄悄闷声在做。如果第二天没有课，许多人都是通宵达旦。实在困得睁不开眼了，就趴在实验桌上打个盹儿。

经过56天奋战，从哈工大电机楼几间人影幢幢、灯火闪耀的实验室里传出了鼓舞人心的捷报——中国第一台能说话、会下棋的智能下棋计算机诞生了。

这台智能计算机每秒钟能运算40000次，具有逻辑推理能力，可以完成特定的判断和思考任务。借助于录音装置，在适当时机，机器可以说"请您走""您犯规了""您输了"这三句话。在这台计算机上，棋子用指示灯表示。与计算机下棋的棋手下完一招后，一按"机器走"的按钮，机器就下棋。机器下棋并不是胡乱走的，它每走一步都在进行逻辑选择。当机器走完一步之后，它就会说："请您走！"当棋手不遵守规则时，机器会说："您犯规了！"当最后一颗棋子不可避免地落在棋手手中时，机器就会说："您输了！"

其中的关键在于，计算机根据数学分析所得出的必胜结论进行每一步的逻辑选择，得出必胜的算法。当对手每走一步时，计算机就会从所有可能出现的棋局中，经过逐个挑选决定出一个最优方案。

不久后，这台智能计算机在北京全国教育与生产劳动结合展览会上展出，受到热烈欢迎。在展会综合一馆的进门处，摆放着这台计算机。由于"能说话、会下棋"，这台计算机吸引了观众好奇的眼光，很多人排着长队等待观看，一些观众还非要听听它说话不可。由于计算机表演会拖延参观的时间，展览会办公室决定每天只表演一个小时。可有很多观众要求看表演，逼得解说员没办法时只得回答："机器累了，需要休息。"观众又提出要求："机器要休息我们可以等，休息好了可得说句话给我们听听！"在一些媒体做了报道后，又有不少人慕名跑到展会上，直奔这台计算机而来。有位刚从苏联结业归国的研究生，在展馆里转了三圈，特意要找到这台计算机。可以看出，人们对机器的"智能"和"大学办大事"抱着何等大的期望！

这台计算机的研制成功，证明了计算机专业的研究工作又向前迈进了一步，因为它具有几个显著的优点：性能稳定，经过几昼夜的连续操作和实验，性能始终稳定，能够又快又准确地击败棋手；结构紧凑，又采用了小部件，体积得到控制，同时采用了国产的普通小型真空管，容易购买，调换方便；逻辑线路合理，使计算机所用的元件数减少，而完成的任务增多。

我们至今都难以想象，计算机系的师生们在 56 天的时间里是怎样地争分夺秒，才研制出这台载入中国计算机发展史册的机器。下棋计算机的研制成功，虽然缘于一个很偶然的契机，但它在冥冥之中昭示了哈工大计算机专业未来发展的方向。它为哈工大在此后完成国家重点项目"程序控制机床的科研工作中广泛使用逻辑元件"打下了基础。

20世纪60年代，始终关注计算机学科前沿的陈光熙决定从研制磁元件入手，开展全磁逻辑和新型存储器的研究，将磁芯存储器技术作为主要科研方向。

1961年末，磁器件研究室在哈工大二部建立后，陈光熙带领孔祥武等人开展超小型磁芯的研制工作。孔祥武回忆，为了不浪费国家一分钱，在领材料时，年近花甲的陈光熙从校本部物资科亲自拉手推车走大约5公里的路程到哈工大二部，也不舍得雇人力车。对所需要的科研设备，他能不买就不买，用简陋设备代替。在二部时期，工作条件很差，有时连能喝的开水都没有，陈光熙就自己带午饭，吃完后喝口蒸馏水。就是在这样艰苦的条件下，陈光熙始终坚持站在教学科研第一线，从未退缩。

以身作则、率先垂范，是很多哈工大的大先生用自己的一言一行写下的为师之道。在多年如一日的教学过程中，他们不断提升道德修养的思想自觉、不断形成言传身教的行动自觉。

曾就读于哈工大的火箭总体设计专家、中国运载火箭技术研究院总研究师刘竹生，就提到过一个令他印象深刻的怎样"为师"的故事。

当时他在哈工大就读时，正值三年困难时期。数九寒冬，阶梯教室里冷如冰窖，同学们都穿着棉大衣在教室里等老师来，缩着手不想做笔记。但老师进来以后马上把棉衣脱掉，穿着毛衣讲起课来。同学们见此，也都不由自主地抽出手来做笔记了。

"多少年来，每当我遇到艰苦环境，都会想起当时的情景，对待工作马上会认真起来。我的许许多多老师给我的一个共同财富，就是教会我做事要认真，我也深深地体会到，无论是在顺境还是在逆境，只要是认真了，事业就会前进。再回头看看身边走过的老师们，我依稀看到了这种精神还在他们身上闪烁,这就是哈工大的传统精神。"[1] 刘竹生说。

3 为人:有风自南,翼彼新苗

老一辈哈工大人一想到他们的母校,脑海里浮现出来的是种种熟悉的片段:

20世纪50年代,哈工大的校园环境让从全国各地前来报到的学生大开眼界。从农村来的同学乍到城市,处处感到新奇,对有轨电车、花坛点缀起来的哈工大校园赞叹不已。就是从大城市来的同学,也站在电机楼门前,仰头望着楼顶大声叫着:这楼怎么这么高!这辈子也没见过这么高的大楼,这不是到了纽约了吗!

20世纪50年代,哈工大学生要冬练三九。当时学生们要以小班为单位,每人背上沙袋进行六公里行军,从当时的二宿舍跑到和兴路,到东北林学院大门口折回,再跑回宿舍。很多学生跑到中途就上气不接下气,但没有一个人掉队;由于穿得不多,身上的汗湿透了衣裳,衣裳又冻成冰;最难受的是耳朵,冻硬了以后耳朵要缓冻,缓冻时很痛很痒,此时千万不能用热水洗,否则可能水肿。

20世纪50年代,很多哈工大学生都参加过松花江防汛。1957年汛期,松花江流域降雨频繁,松花江的水位超过历史最高水位,哈尔滨市政府动员全市人民参加防汛。哈工大学生们的任务是把土装上车放到沿江地带筑堤防

---

[1] 周素珍主编:《报春晖——校友的回忆与畅想》,哈尔滨工业大学出版社2000年版,第212页。这篇回忆文章是刘竹生为参加"迎千年报告会"回母校校园时有感。

汛。8月哈尔滨的雨季里,哈工大的学生们在三孔桥处把土装上车,重体力劳动让很多同学肩膀肿了起来,手脚磨出血泡。暴雨突如其来,没有躲雨的地方,大家只能身披麻袋,在车底下防寒躲雨,饱尝劳动的艰辛。

20世纪60年代,全国经历了一段困难时期,食品紧缺、供暖不足,生活极其困难。但就是在这样艰苦的条件下,哈工大老师和同学们刻苦自强的精神有增无减。在大教室里手脚冻麻了,老师让大家站起来跺跺脚、搓搓手,然后继续上课,教学秩序井然。每当夜幕降临,电机楼和机械楼教室的灯光如同白昼。晚上九点多钟,学校领导、系领导和班主任不时到各教室催促同学们回去休息,劝大家注意劳逸结合。

如今,"国内留苏"的校园生活、紧张忙碌的学习气氛逐渐远去,很多往事随风而逝,但老校长李昌在任时做的一件引起全国震动的事情,仍然让很多哈工大人记忆深刻——

1960年,哈工大召开校务委员会会议,评定27名讲师,并讨论40名教师聘任为副教授的问题。其中,有一位年仅27岁的青年教师被破格聘任为副教授,他就是吴从炘。而作出这一决定的,正是甘冒风险重用人才、提拔年轻人的校长李昌。

吴从炘没有辜负学校的培养。后来,他主持的奥尔里奇空间研究,在国内外产生较大影响;他的两部专著,受到了奥尔里奇空间理论创始人的高度称赞;他的两本译著,对推动我国的数学研究形成了重大影响。此外,吴从炘还在模糊数学、凯特空间、抽象函数等领域获得了重大研究成果,出版著译十余本,发表论文240多篇,获得国家科学大会奖等国家或部委奖6项。1986年,哈工大成为全国第一个没有老一辈数学家带领,也没有办过基础数学专业,却取得基础数学博士点的高校。

当然,这种破格不仅限于吴从炘一位老师,一批哈工大青年都得益于学校务实的作风而得到重用。当年老一辈哈工大"八百壮士"中,有不少师资研究生未毕业,年仅20多岁,就开始担任系主任、教研室负责人和重要教学科研职务。这一优良传统的秉持和传承，也是哈工大精神底蕴的缩影。

在哈工大二校区的一间办公室里，我们见到了"八百壮士"中的一员沈世钊。他花白的头发梳得一丝不苟，上身穿一件黑色夹克，下身穿一件浅灰色涤卡裤子。一问才知，这便是他曾在接受采访时说过的穿在身上二三十年的老物件，但并不显旧，干净整洁。

这不由得让人想起刘贵贤在他的《走进哈工大》一书中的一段话："灰色涤卡裤子，黑色夹克衫。是不约而同，还是哈工大60岁以上的教授统一着装？告别雷廷权院士，当我见到蔡鹤皋院士时，第一印象就是其装束与雷廷权院士何其相似。比雷廷权小6岁的蔡鹤皋，不仅穿着与雷廷权相仿，个头也差不多，两个老头儿一般高……那件与雷院士的'皮猴'同龄的深蓝色呢子大衣，袖口磨得起毛且有斑斑破损，从袖口往里细看，美丽绸料的内里也有斑斑'破绽'……"[①]

深耕治学，厚德化人，是沈世钊对自己的要求，也是对团队的要求，他在哈工大学习工作70多年间，为国家培养了700多名空间结构人才骨干。他鼓励创新、反对功利主义，曾坚持19年不为自己报任何奖项。

为此沈世钊解释说："我们搞理论研究、搞工程设计的，必须是具有创新意义的，另外一个目标是要做国家需要的。我坚决要求反对功利主义。好多人不断地报奖，我要求他们不要功利主义，你工作做到家了，你再去报奖……为什么是19年呢？当时理论研究认为系统了，可以报奖了。"

沈世钊的学生范峰对此深有感触。作为一名传道授业的先生，沈世钊有丰富的教育思想和系统的教育理念，这些理念经过沈世钊治学、为人、从教的长期实践和思考，潜移默化地影响了他的学生们。

---

① 刘贵贤：《走进哈工大》，昆仑出版社2000年版，第318页。书中提及蔡鹤皋年龄为65岁，可见采访时间为1999年。

第五章
功夫：绚烂之极归于平淡

"沈老师跟我们说过，要啃就啃最硬的骨头，要做就做国家最需要的事情，在这个面前有再大的困难，我们也要想办法去克服它。老一辈'八百壮士'的精神我们都是这样一脉相承的，按照沈老师要求在努力做，就是为国家的重大急需作出我们自己的贡献。"沈世钊的所言所行，正是以大先生的人格魅力之光照亮学生心灵的写照。

在哈工大，"亲其师，则信其道；信其道，则循其步"的故事在一代代"八百壮士"之间传承着、书写着。

萧伯纳说过："人生不是一支短短的蜡烛，而是一支暂时由我们拿着的火炬。我们一定要把它燃得十分光明灿烂，然后交给下一代的人们。"

萧伯纳的这句话不禁令我们想起马祖光病重时的一句话："这把年纪，就像蜡烛要燃尽一样。我这个蜡头不高了，今后能做点儿事的年头不多了……"

作为一名共产党员，马祖光处处以党性立身做事。就在马祖光去世的前三天，他还给和他一起创办专业的老教师王雨三打电话。王雨三在回忆起这件事时泣不成声："马老师在电话里对我说，希望我在教学上辅助一下年轻教师，把他们带上来。马老师还亲自拟定了一份教学计划，下周一起讨论。他对专业在 21 世纪前 30 年内如何发展，均有设想。我们在电话里谈了很长时间……他嘱咐又嘱咐，就是对学科发展放心不下，我万万没想到这竟是我最后一次和马老师交谈……"

"马老师是一个真正的科学家。"

"他是做人的楷模，做事的榜样，是共产党员的一面镜子。"

"如果不是生活和工作在马老师的身边，很难相信现在还有像马老师这样的人。"

…………

在同事和学生们的眼里，马祖光就是一位当代知识分子的楷模，一位

"行为世范，学为人师"的大先生。

马祖光经常告诫学生："要做事，首先要会做人，不会做人就不会做事。"他在给博士生上第一堂课时，总会先讲刘连满的故事。刘连满是我国登山队员。在攀登珠穆朗玛峰时，他自告奋勇地在前面刨台阶，用双肩搭人梯，把战友一个一个托上去。当他体力耗尽、在离顶峰只有100米的时候，他自愿留了下来；在氧气不够用时，他毅然关掉氧气桶，把生的希望让给了队友，也把登上珠峰的荣誉让给了别人。

马祖光的心里住着一个与刘连满相似的高尚灵魂。"心里总是装着别人，唯独没有他自己"这句话，虽然好像是一句言过其实的评语，但用在马祖光身上，却恰如其分。

由于一些学术领域存在只认第一作者、通讯作者的现象，知识分子看重署名也在情理之中。在许多论文中，马祖光的贡献是第一位的，但是他的名字却总在最后。许多老教师和研究生的课题方向都是马祖光提出来的，按常规来讲署名在前面理所应当，但他却坚持把自己的名字放在最后，这种坚持也往往能得到贯彻——马祖光对所有发出的文章要进行最后把关，他总有机会重新署名，把自己的名字排在最后。他说："事业重要，我的名不算什么。"

每一个课题从立项、设计方案、解决问题，从中间检查到论文修改、发表论文，马祖光都严格把关。五十多年来，他收集整理翻译了大量的资料，那些记满了各种实验数据的资料册，教研室的每一个同事都用过。他说："科学是祖国的科学，能让更多人分享成果，整个国家这一领域不就进步了吗？"

马祖光在建立硕士点、博士点、光电子技术研究所上的贡献自不用说，他甘为人梯、提携后人的高风亮节也是有口皆碑。在他的带领下，一批批学科带头人、在创新发展中作出突出贡献的学子们成长起来。王骐、王雨三、于俊华、胡孝勇、王月珠等老教授早已成为独当一面的专家；陈德应、吕志伟、马晶、张中华、掌蕴东等年轻一代的教师正成长为学科骨干。

他们忘不了"马老师给我们翻译资料、讲解，几乎是手把手地带我们""他推荐了相当一批人进入'863'领域和有关专业委员会担任要职，一个专业能有这么多'863'专家是不多见的""无论做什么，马老师首先想到的就是专业和集体"……

在哈工大，"马祖光像很多人，很多人像马祖光"是一种现象、一种文化、一种精神。像马祖光这样的大先生还有很多，他们像天上的群星，闪烁着耀人的光芒。

在哈工大科学园内，有一处独具一格的马祖光院士纪念园，那里矗立着高达三米、重约两吨的马祖光塑像。他亲切的面部表情，让人感觉到他就在身边，正和他们一起座谈、研究、聊天，他依然在关心着哈工大的发展建设，关心着年轻一代的成长。纪念园与纪念塑像全部由哈工大人自己设计与制作，凝聚着他们对马祖光的深切缅怀和敬仰，寄托着他们对大先生的无尽思念和感怀。

马祖光纪念塑像

而在哈工大计算机学院综合楼,也有一座铜像,是为纪念陈光熙而立。这座铜像于2005年6月5日揭幕,计算机专业校友和计算机学院领导老师和学生们都出席了揭幕仪式。说起陈光熙执教四十余年为我国计算机事业和哈工大计算机专业的发展及人才培养作出的贡献,他们的回忆就像潮水般涌来。

陈光熙常说:"我愿做一块'垫脚石',让年轻人踩着我的肩膀去攀登科学高峰。"这种甘为人梯的精神,在哈工大的历史长河中留下熠熠光辉。

所谓"垫脚石",用陈光熙的话来说就是:"这好比上树摘桃子,我是想把自己当成一块'垫脚石',为年轻人打一个基础,让他们把桃子摘下来。'垫脚石'有高有低,低了够不着桃子;'垫脚石'要牢固,否则登上去就要踩垮。为了让更多年轻人多摘桃子,我要做一块又高又牢的'垫脚石'。"

作为学生们的良师益友,陈光熙在向弟子们传授科学文化知识的同时,还十分重视学生思想品格的培养。在八十多岁高龄时,陈光熙仍然对博士生的开题报告、研究论文一个一个审查,一篇一篇阅读,逐字帮助修改。

关于做人和做事的关系,在陈光熙头脑中也有深刻的认识。计算机专业校友李光汉说他永远忘不了"一次影响一辈子的指导"。

20世纪60年代初的一天,李光汉正在电机楼一楼计算机机房值班,陈光熙特地从主楼一楼的办公室走到机房来找他,给他送来一本刚刚出版的英文版《电子计算机上ALGOL语言编译系统》,并对他说:"请你好好研究一下这本书。"

"几十年后回头看,这的确是一本计算机科学领域的奠基之作,我遵照陈先生的指导,研究这方面的科学知识。70年代初我与教研室同志们积极参加了科工委组织的计算机软件会战,研制出了'DJS-8FORTRAN编译系统',并于1978年获全国科学大会奖。我这一辈子也一直沿着这个专业方向前进,所以取得了一点进展,这全得益于陈先生领我入门。"

几十年来，谁也数不清陈光熙究竟为博士生和中青年教师审查、修改、润色加工了多少篇文章。他以自己的心血，丰沃了脚下这片土地，让一批又一批的年轻人破土而出，向新的高峰挺进。在他的带领下，一支实力雄厚的计算机科学队伍在哈工大发展、壮大、前进，他培养的一批又一批计算机高级人才，已经成为我国工业、科技、教育等各条战线的中坚力量。

在哈工大，像陈光熙这样愿意为年轻人做"垫脚石"的教授不胜枚举。

即使在退休之后，王铎依然心系培养年轻人的工作，希望成为老师和学生们的"垫脚石"。他说，人总是要老的，这是自然的规律，怎样才能发挥自己暮年的作用呢？他认为，应该尽力培养"四化"建设人才。"我甘愿做人梯、做垫脚石，看到中青年教师在教学与科研上做出成绩，我心里高兴，因为那里凝聚着自己的一份心血。"

国家级教学名师孙毅教授从本科到博士都是王铎的学生。他回忆说："王老师是做人的楷模，他不仅做到了把知识传播好，在做人方面也是学生的楷模和榜样，值得每个人学习和追求。王老师为人淡泊名利，严于律己，宽以待人。王老师是我心中的一个目标，但我永远不可能达到他那样的境界，能够成为他的学生，我感到很荣幸。"

王光远对为师之道有自己的看法。他将其概括为三点：一要高标准，二要严要求，三要为学生创造条件，也就是甘为人梯的精神。

28岁时，王光远就被任命为哈工大建筑力学教研室主任，后来一直从事地震工程研究。他提出了结构模糊优化设计理论，随后发展为结构软设计，再后来他又致力于将模糊数学应用于结构设计大系统全局优化的理论研究。1984年，他发表了《结构模糊优化设计理论》，获得国家教委科技进步奖一等奖和国家自然科学奖三等奖。他建立了"结构模糊随机振动理论"和"工程大系统全局性优化理论"，获得了国家自然科学奖二等奖。

王光远不仅在学术研究方面取得了巨大的成就，在教书育人以及年轻人

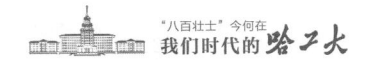

才培养方面，更是倾注了大量心血。

作为教师，本职工作是教学，搞科研之前首先要过教学关，这是王光远对待教学的态度。早在1952年，他就创建了哈工大当时教学效果最好的教研室。他积极开展跨学科研究，借用相关学科的发展来促进主题课的深入。他于1987年5月创建了哈建工工程理论与应用研究所，吸引来自力学、数学、机械、材料、计算机等多方力量，形成六个相对独立的研究群体。为了促进拔尖人才的快速成长，王光远有意把他们放在领导岗位，让他们各带一个团体工作，培养其政治素质和组织能力，在申请科研基金、参加国际会议、发表学术论文及表彰奖励等方面，积极为学生创造成才条件。

"对学生的培养、教诲、关怀和帮助，需要老师具有宽广的胸怀和雄韬大略的眼光，王老师就是这样的人。"王光远的学生李惠院士说。

王光远在诸多领域前沿的开拓成就和教学中的丰硕实践，如一块巨大的磁石，吸引着众多的高层次科技人才纷纷向他靠拢，在他周围形成一个具有魔力的磁场。他培养的学生中，很多人已经成为中国新一代科技工作者中的领军人物，多人当选为院士，多人获得国家各项科研基金，多人担任大学校长，多人成为国家级高层次人才，为这个颇具吸引力的磁场不断增添强大的能量。

徐邦裕也是一位燃烧自己、照亮别人的人。他于1957年来到哈工大筹建暖通空调专业，研究与推广热泵技术，是我国热泵事业的先行者。他培养了一大批优秀人才，这些人才活跃在祖国大江南北，成为学科带头人、学术骨干或政府企业的中高级领导。

他牵头的多个项目获得省部级奖励，他把奖励让给了教研室的年轻人。他说："我岁数大了，不需要这个，还是给年轻人吧。""发展科教，富国强民是我一生的追求，只要对此有利，我愿做一块铺路石。"

作为机器人研究所所长和学科带头人的蔡鹤皋，在培养人才方面的别具一格被哈工大师生传为佳话。

在蔡鹤皋看来，中国工业机器人大发展的时代已经到来。怎样培养机器人研究领域的学科带头人，培养能够承担大项目的领军人物，成为他着重考虑的问题。在一次全所会议上，蔡鹤皋说："我要搭建一个平台，研究所的每一个人在这个舞台上都有表演的机会。这个舞台对大家是平等的，是机会均等的。不管资历深浅，毕业早晚，都可以申报课题、负责项目。"

这项措施实施以后，大家的积极性空前高涨，有些刚毕业工作的硕士、博士没有挑大梁的勇气，蔡鹤皋就给他们打气，告诉他们怎么选题、怎么申请报告。在这种自由的科研氛围中，许多人都申报了课题。几年过后，这些研究人员就像禾苗一样成长起来。

"当然禾苗不可能长得一样高，这和每个人的基础能力和努力程度有关。苗长得高、长得快的我就多浇水、多施肥，让他长得更高更快。浇水施肥就是加担子、加任务。能担起50斤，就给他加到100斤；能担起100斤，就给他慢慢加到200斤。"这是全所公开的政策。

蔡鹤皋的理念是，聪明在于勤奋，知识在于积累。趁年轻要实干，要多做事，多学习，才会越来越能干。只有能干又肯干，你才会取得成功。他还经常跟大家说起德才兼备的重要性："有苦自己承担，有利让给别人，如此，才能攻克大的科研课题。"他常常告诫学生，国家投钱，来之不易，一定要认真，对人民负责，对国家负责，为国家科技发展作出贡献。

如今，许多机器人领域的知名专家学者、企业家都是蔡鹤皋的学生，他仿佛听到了悉心栽培的禾苗拔节生长的声音。

蔡鹤皋坦言："我心里最大的满足，倒不是我在科研上取得了多少成果，而是培养了一批年轻的学术带头人。他们又取得了更多更高水平的科研成果，又培养出更多更高水平的人才。我心里高兴啊！这就是青出于蓝而胜于蓝，这就是后浪推前浪，一浪比一浪高。"

说起无私奉献、甘为人梯的大先生，在这里值得一提的，还有帮助哈工大建设的外国专家们。

根据哈工大校史记载，1951年至1960年，哈工大一共聘请了80位专家来校工作，其中从苏联26所高等学校中聘请了77位苏联专家，还有3位来自捷克的专家。在党和政府的大力支持下，在冯仲云、陈康白、李昌等领导干部的带领下，哈工大在学习苏联教育经验的过程中，结合自身的实际情况逐渐形成一套"苏联专家经"。在外国专家的帮助下，哈工大人通过不断探索、勤奋工作、开拓进取，在改建和扩建的重要历史时期交出了一份满意的答卷。

哈工大原副校长李家宝就曾回忆起他的导师布兹聂克同志的故事。布兹聂克是一位年老的机械制造工艺专家，也是一位热忱、和蔼、认真而不知疲倦的老人。每天清晨8点，布兹聂克就到学校。教完4节课以后，他还一直坐在教研室给研究生们答疑，指导教研室工作，回答工厂提出来的疑难问题，往往要工作到下午3点以后才回家吃午饭。别人怎么劝他，他也不愿意早些回家。研究生们怕影响他的身体健康，就自觉少来提问，但当他发觉这种情况时，他替学生们排出一张答疑日程表，仍然天天抓着学生们进行答疑。由于这样长期积劳，他患上阑尾炎，后又转成肺炎。布兹聂克生病卧床3个多月，几乎牺牲了性命。在重病中，他还非常关心学生们的结业设计工作，常常说："你们是新中国未来黄金似的干部，不能放松要求。"并开玩笑地说："不要以为我会病死，我死不了！还要照样检查你们的设计进行情况。"

布兹聂克的这份热情感动着学生们。在他培养教导下结业的一大批研究生成为哈工大的骨干教师。回兄弟学校去的，也担负着较重要而繁重的教学工作。

"不知为什么，作为学生，虽然人已经老了，却越来越想念自己的老师。每当我回顾美好的大学生活的时候，就会在我的脑海里激起对老师思念的浪花。沧桑不没旧精英，我永远不会忘记老师们为了把我们培养成有用之才所倾注的心血。"[1]曾任中共中央宣传部副部长兼文化部党组书记、部长的刘忠德在建校80周年之际的感言，道出了许多哈工大人对他们心中的大先生的感恩之情。

或许，正是因为有这样一代代为学、为事、为人的大先生，哈工大的精神底蕴才能如此薪火相传、历久弥新。

4 承前启后、继往开来：穿越"八百壮士"的精神长河

无论是赤诚报国的老一代，还是承前启后的中坚一代，抑或面向未来的新一代，凡是与哈工大"八百壮士"接触过的人，都会被他们的精神深深感动，他们以自己的一言一行、言传身教，以自己数年如一日、数十年如一日的科研育人实践，书写着一个群体、一代大先生对于"生生不息"的诠释。

在他们看来，钱财和荣誉都是身外之物，他们认为最重要的不是自己拥有多少财富、多少荣誉，而是自己为国家、为社会做出了多少有意义的事，培养了多少人才。这使我相信：哈工大"八百壮士"精神已经在每一位学子身上打下深深的烙印，也成为哈工大这所高校所蕴含的深厚底蕴。在党的领导下，"八百壮士"这一群体铸就了一个学校，一个学校铸就了一个时代的精神。

几十年来，"扎根东北、爱国奉献、艰苦创业"的"八百壮士"和后人们发扬哈工大精神，紧密结合国民经济和国家建设需要，解决了科学技术和

---

[1] 周素珍主编：《报春晖——校友的回忆与畅想》，哈尔滨工业大学出版社2000年版，第132页。

工程应用方面的一道道难题。

前文提到，在20世纪50年代哈工大改造和扩建初期，学校汇聚了立志为共和国工业化献身的大批青年才俊，培养出平均年龄在27.5岁的八百多位年轻教师。这支队伍"艰苦创业，硕果累累，奠定了哈工大人坚持理想信念的不懈追求，坚持科学精神的高标准严要求，坚持对国家、对事业的高度责任心这些大学精神的深厚底蕴"[①]。这就是李昌口中"八百壮士"的由来。

在1958年之后，哈工大校史揭开了新的一页。学校专业进行了重大调整，航空工程、工程物理、工程力学、无线电工程、自动控制等系和一批尖端专业陆续创建。原有的基础专业也转变服务方向，与此同时也调出了一些专业。哈工大从此成为聚力培养工业技术和尖端科学技术人员同时并举的理工科大学。

此时，20世纪50年代初扩建初期的引才方式已不适用，必须另辟蹊径。但是哈工大依靠青年教师、重视新生力量、不拘一格用人才的思路仍然一脉相承。一方面，学校从原有教师中抽调一部分来开拓新领域，从事二次创业。他们本来就是在创业中成长起来的，所以一般都能很快进入角色、打开局面。前一时期派往苏联、东欧、个别派到英国的教师先后回国，也是一支精锐部队。另一方面，采取精选本校的在校本科生到国内兄弟学校代培的新路子。这里的典型例子是1956年哈工大为了筹建无线电系向清华大学无线电系派出了一个组，由当时电机系吴存亚主任带队，率领新从外校毕业分派来校的三位助教加上从电机系抽调的学完四年级的一名高材生，到清华有关教研组进修；另从电机系学完二年级的学生中抽调六名优秀生到清华无线电系插班学习。刘永坦正是这六名学生之一。

一甲子后的今天，经过多年建设，哈工大又涌现出一批新生代的师资力

[①] 顾寅生：《"八百壮士"与哈工大——"哈工大精神"探源》，节选自《中国教育报》2007年1月5日。

量，他们活跃在科研、教育战线，成为哈工大创办世界一流大学的主力军，续写着"八百壮士"的传奇。

周玉院士的学术生涯，是幸运而富于挑战的。他师承"特种钢"雷廷权院士，在陶瓷材料和复合材料方向攻坚克难，开展诸多原创性研究，其成果在航空航天领域得到广泛应用。

1978年3月，周玉作为高考制度恢复后的第一届学生走进哈工大大门；1984年硕士毕业后留校任教；1985年起在职攻读博士学位；1987年10月到1988年10月作为中日联合培养的博士生在日本东京大学学习；2009年当选为中国工程院院士。

甘为人梯的雷廷权是发现并培养周玉的伯乐。周玉回忆道："我很佩服雷老师总是能及时捕捉到新的方向，学术思想特别活跃。他总是能站在世界学术的前沿，在相对固定研究方向的同时，适时开设新的研究方向。20世纪60年代初，雷老师从苏联留学回国后，在国内率先开设了形变热处理方向；改革开放后，他又相继开设了双相钢、形变记忆合金、马氏体双相钢、复合材料、陶瓷材料等一系列方向。"

1986年6月，学术思维敏锐的雷廷权为周玉确定了陶瓷材料研究的博士论文研究方向，并与日本东北大学陶瓷专家佐久间健人教授取得了联系。1986年下半年，雷廷权借赴日参加国际会议的机会与佐久间健人详细讨论了周玉的联合培养计划。1987年6月，已到东京大学任教的佐久间健人到哈工大进行学术访问，雷廷权和佐久间健人进一步细化了联合培养方案，周玉的博士论文确定为《ZrO_2-Y_2O_3陶瓷的组织结构与力学性能》。从此周玉的研究生涯与先进陶瓷材料紧密地联系在了一起。

1988年，当一些中国学生为回国还是留在日本而抉择时，周玉已谢绝了日本导师的诚心挽留，按时回到母校。周玉说："日本的科研环境和条件虽然比较优越，但母校哈工大有我的老师、同事，他们替我承担着我应该承担的任务，让我出国学习。母校有我的学生，还有我的工作、我的责任。"

从最初的先进陶瓷材料相变与韧化研究，到防热复合材料设计、制备、抗热震和耐烧蚀性能研究及其在航天防热部件上的应用研究，周玉不断拓展着课题组和自身的研究方向，而这正是周玉不断攻克难关、时刻把握科学和尖端工程应用前沿的结果。周玉带领团队发明了4个系列航天防热复合材料及制备工艺，并突破其在工程化应用中存在的多项技术难关，为我国航天防热复合材料的研制开发及在航天器上的应用作出了突出贡献。

"我所从事的专业与国计民生直接挂钩，因此我感到非常幸运。人生最大的幸事是在实现个人价值的同时，用个人所学、所长、所创，为社会、为人类作出自己的贡献！"胸怀赤诚之心，情系民生小事，是任南琪躬耕科研育人一线的写照。

1977年，18岁的任南琪考入哈尔滨建筑工程学院（哈尔滨建筑大学的前身）给水排水工程专业，大学毕业后留校任教，师从我国著名环境工程专家、国际水科学院院士王宝贞。

说起任南琪的研究领域，就不得不说可再生能源利用的问题。目前人类所使用的石油、煤炭和天然气等能源都是不可再生的，又不可避免地造成环境污染，因此开发和利用清洁的、可再生的能源成为人类亟待研究的课题，而氢是最理想的载能体。为此，德国、美国、英国等国家从20世纪70年代起就开启了相关研究，却至今消耗大量的非可再生能源获取氢。

1990年，任南琪和导师王宝贞在国际上首次提出发酵法生物制氢技术，从此开始从事被人们称作"净化人类生存空间"的科学研究。这项研究用最通俗的方法解释，就是通过生活中可再生的作物如秸秆等作为原料，来制取绿色能源氢气。任南琪花费整整10年时间，终于磨成一"剑"：2001年1月，生物制氢技术进行中试成果鉴定，由485位两院院士投票，这项技术被评选为"2000年中国十大科技进展"之一。

万物有所生，而独知守其根。就像马克思所说，在科学上没有平坦的大道，只有不畏劳苦沿着陡峭山路攀登的人，才有希望达到光辉的顶点。在祖国建设最困难的时候，老一辈"八百壮士"挺起了精神的脊梁，在民族复兴的伟大进程中，新时代"八百壮士"扛起了科教兴国的重任。为了祖国的需要，在"南迁北返"的艰难困苦中，哈工大人克服重重困难作出了突出的贡献；为了祖国的需要，哈工大人殚精竭虑绘蓝天，从全国第一个航天学院诞生到如今绘出了"神舟"飞天，"嫦娥"探月；为了祖国的需要，在新冠疫情防控中，哈工大启动各类项目服务于国家和地方的疫情防控工作……

哈工大以"扎根东北、爱国奉献、艰苦创业"为内核的"八百壮士"精神，必将培养出更多具有坚定为党育人、为国育才初心使命的大先生，必定会打造更多国之重器，培养更多杰出人才，奋力走好中国特色、世界一流、哈工大规格的新百年卓越之路。

第六章

风华：走出高质量内涵式发展之路

一百年是什么？对一所高校来说，百年是穿过无际的苍穹，归来正是风华正茂。

2023年冬，我们走进位于哈尔滨市花园街历史文化街区的哈尔滨工业大学中俄联合校园建设施工现场。在这里，一幢幢沧桑的老建筑以无比真实的面貌呈现在我们的眼前。这些红色屋顶、砖石结构的老建筑，就是被哈尔滨市民称为"黄房子"的中东铁路俄国职工住宅建筑群，始建于清末民初，距今已有一百多年历史。

如今，这里已经成为哈工大对外交流合作的一个见证。2019年，在中俄人文合作委员会第二十次会议上，哈工大与圣彼得堡国立大学签署关于共建中俄联合校园合作协议。在哈工大建校百年之际，2020年6月7日，中俄联合校园奠基仪式隆重举行。联合校园建成后，将成为构建中俄人才联合培养及高水平创新研究的基地，对促进中俄教育交流合作，双方优质资源深度融合起到有力的推动作用。

与联合校园毗邻的哈工大"老土木楼"早已拂去岁月的灰尘。它正等待着联合校园建成后，从照片里探出它装扮一新的身影，迎接怀念着它的旧友和憧憬着它的青年。

1 从世纪之交到建校百年

在世纪之交的时候,哈工大人迎来了振奋人心的消息:国防科工委、教育部和黑龙江省三方投资10亿元重点共建哈工大。

1999年11月14日,国防科工委、教育部、黑龙江省人民政府就重点共建哈尔滨工业大学在北京签署协议,这标志着哈工大的历史又翻开了新的篇章。

1996年,哈工大成为全国首批进入"211工程"建设的院校之一。在世纪之交,哈工大被国家确定为按照具有世界知名高水平大学目标重点建设的九所大学之一。这标志着哈工大又进一步确定了国内一流大学的地位。

2000年6月2日,哈工大、哈建大合校大会在哈工大礼堂举行,两校正式合并为新的哈尔滨工业大学,由国防科工委直接领导。

随着新哈工大的组建,哈工大人抢抓时代赋予的新机遇,紧密结合时代发展要求和国家建设需要,自觉把学校的发展同国家的命运紧密联系在一起,开始了新的征程。新哈工大在弘扬哈工大精神和传统的基础上,形成新的优势和特色。

2017年,哈工大制订了《哈尔滨工业大学一流大学建设方案》,明确到2020年进入世界一流大学行列、到2030年进入世界一流大学前列、到21世纪中叶成为具有重大国际影响力和核心竞争力的世界顶尖大学的战略目标。

"八百壮士"今何在
我们时代的哈工大

2017年9月21日,教育部、财政部、国家发展改革委印发《关于公布世界一流大学和一流学科建设高校及建设学科名单的通知》,公布世界一流大学和一流学科("双一流")建设高校及建设学科名单。哈工大入选"双一流"建设A类高校名单,力学、材料科学与工程、土木工程、环境科学与工程、控制科学与工程、计算机科学与技术、机械工程7个学科入选"双一流"建设学科名单。

2020年6月7日,哈工大迎来了100岁生日。在建校百年当天,习近平总书记为哈工大发来贺信。贺信指出:

值此哈尔滨工业大学建校100周年之际,我代表党中央,向全校师生员工和校友致以热烈的祝贺和诚挚的问候!

哈尔滨工业大学历史悠久。新中国成立以来,在党的领导下,学校扎根东北、爱国奉献、艰苦创业,打造了一大批国之重器,培养了一大批杰出人才,为党和人民作出了重要贡献。希望哈尔滨工业大学在新的起点上,坚持社会主义办学方向,紧扣立德树人根本任务,在教书育人、科研攻关等工作中,不断改革创新、奋发作为、追求卓越,努力为实现"两个一百年"奋斗目标和中华民族伟大复兴的中国梦作出新的更大贡献。[①]

习近平总书记的贺信,标定了新百年哈工大的发展方位和历史使命,引领哈工大开启了新的卓越发展之路。

贺信高度概括了哈工大百年发展历史成就,深刻揭示了哈工大从小到大、由弱到强的根本逻辑是"在党的领导下",哈工大在党的领导下一路走来,始终备受党中央关心关怀,始终备受国家和民族信赖倚重,始终承载着

---

① 《习近平致信祝贺哈尔滨工业大学建校100周年》,《人民日报》2020年6月8日。

第六章
风华：走出高质量内涵式发展之路

《人民日报》2020年6月8日头版报样

人民群众的期待，在听党话、跟党走中，把准发展方向，形成优良作风。

2023年8月27日，哈工大党委书记熊四皓向全校新生讲了"开学第一课"，主题是，"坚持以贺信精神铸魂 意气风发与时代同行 在逐梦中国式现代化中担起国之重托"。

熊四皓说，习近平总书记的贺信，对哈工大的引领和影响是空前巨大的。3年来，学校坚持以贺信精神为引领，明确了"卓越、改革、创新、开放、融合"的发展思路，制定并实施了以贺信精神引领行动方案等十大行动方案，全面深化人才培养、队伍建设、科学研究、内部治理四项重点领域改革，以超常规方式推出了一批新招、硬招。我们非常强烈地感受到：在习近平总书记贺信精神引领下，哈工大勇担中国航天第一校"尖兵"的底气更足了，走好杰出人才自主培养之路的自信更强了，服务国家高水平科技自立自强的担当更硬了，全校老师和同学们正在意气风发地走在卓越发展的大道上。

熊四皓所说的十大行动方案，是2020年他在中国共产党哈尔滨工业大学第十三次党员代表大会上所作的报告中提出的未来五年全面实施的十大行动方案，其中就有"实施新时代'八百壮士'选育行动方案"。

方案提出，大力弘扬哈工大"八百壮士"精神和"选苗子、拔尖子、搭梯子、压担子、摘桃子"有效做法，全面提升师资队伍竞争力。建好教师发展中心，实行人才专员制度，个性化助推教师发展。构建人才引进快速响应机制，精准高效引进人才，塑造人才服务的"哈工大品牌"。建立科学家工作室，提升青年科学家工作室建设质量。实施团队整体考核机制，加强高水平创新团队建设。持续实施青年拔尖、教学拔尖、重大项目突出贡献人才等选聘计划，助推青年人才成长。实施"春雁英才计划"，培养选留"拔尖"学生，储备优秀青年教师。大幅增加博士后数量，做大青年教师"蓄水池"。创新科研人员聘用机制，做强专职科研队伍。加快推进核岗定编和分类聘任工作，形成以立德树人成效、学术创新能力、服务国家战略贡献为导向的多元化人才评价体系，激发教职工发展活力。

如何落实好这一方案？哈工大围绕习近平总书记贺信精神，深入研究不同类型同学的成才愿望、个人特质，明确了新百年哈工大杰出人才的培养目标分为四类：学术大师、工程巨匠、业界领袖和治国栋梁，实现了对哈工大人才培养目标的有效拓展和全面升级。

"特别值得一提的是，今年2023级新入学的同学们，将全面实施'1+1+X'人才培养体系。"熊四皓在"开学第一课"上说。

2023年，哈工大全面推进"1+1+X"人才培养改革方案落地。方案落地后，在哈工大的校园里，就出现了一位老师给一两位学生上课的情形——教师按照学科发展现状和学生需求设置课程，学生可以选择自己感兴趣、对自己未来发展有帮助的课。哪怕只有一位学生选课，学校也会满足其个性化的需求。

所谓"1+1+X",是哈工大创新人才培养的整体架构。第一个"1"是指在大一要"厚植数理基础",开好学好"公共数理基础平台课";第二个"1"是指在大二要"夯实领域基础",开好学好"方向领域平台课";"X"是指要在大三和大四的培养过程中"强化交叉融合",开好学好"轨道方向核心课"和"轨道方向选修课"。

一方面搭建框架,一方面还要匹配高质量教学资源。哈工大在课程设置上坚持"课程"和"项目"双驱互融。无论是希望成为"学术大师""工程巨匠",还是成为"业界领袖""治国栋梁",都可以在"1+1+X"的整体架构中通过相应的课程打牢理论基础,通过精心设计的项目来锻炼实践能力。让学生自主选择成才方向、自行定制培养路径,并在充足的资源配套下,得到充分的历练和提升,这正是哈工大致力于以"1+1+X"达到的目的。

"大家入学后,会有很多机会跟在这些高端人才的身边近距离学习、研究、实践,他们也会将在世界一流大学汲取的营养,将在哈工大多年拼搏涵养的经验,润物细无声地传授给大家,助力大家学有所成、加速成长。"熊四皓在"开学第一课"上这样鼓励新生。

自贺信发布以来,哈工大紧紧围绕贯彻落实习近平总书记贺信精神,谋划航天第一校"尖兵"作用发挥路径,坚持密集推进抓部署,召开党委常委会会议、校长办公会议研究部署改革议题460余项,修订《哈尔滨工业大学章程》并经教育部核准,进一步完善一校三区治理结构和管理机制,建立了以人才培养、队伍建设、科学研究等机制改革为关键项,内部治理改革贯穿其中的改革体系,完善了全链条督导落实机制,从严从紧抓出哈工大改革创新加速度。

就在哈工大建校 103 周年前不久,哈工大联合中国航天科技集团打造的"空间环境地面模拟装置"受到媒体广泛关注。

"空间环境地面模拟装置"也被称为"地面空间站",与距离地球四百多公里的轨道上的中国空间站遥相呼应。作为我国航天领域首个大科学装置,"地面空间站"是国际上首个综合环境因素最多、可实现多尺度和跨尺度环境效应研究的综合性研究装置,将为我国航天事业发展及人类太空探索贡献智慧和力量。

"地面空间站"位于黑龙江省哈尔滨新区科技创新城。走进园区的大科学工程后,映入眼帘的是"一大三小"四栋外表普通的实验楼。"一大"即空间综合环境实验楼,"三小"即空间等离子体科学实验楼、空间磁环境科学实验楼和动物培养室。

按照设计规划,"地面空间站"可以模拟真空、高低温、带电粒子、电磁辐射、空间粉尘、等离子体、弱磁场、中性气体、微重力等九大类空间环境因素,能够阐释空间环境对材料、器件、系统及生命体的影响规律和作用机制。

相较于把实验仪器设备搬到太空,"地面空间站"既能节省成本、减少安全隐患,又可以根据科学问题和工程需要,设置特定的环境因素,不受时空限制进行多次重复验证,从而打造更加安全便捷的实验条件和科研手段。

随着一道圆形拱门缓缓移动,月尘舱映入眼帘,这便是"模拟月球"实验舱。在一人多高的空间里,一米见方的平台闪着银光,悬置于顶部的探照灯和射线源造型各异。

团队成员孙承月说,月尘舱攻克了多源辐照充电装备集成、微小粉尘均匀淋撒、强静电环境光学原位在线检测等多项关键技术,将为我国探月工程、月球基地建设和载人航天等重大航天工程提供科研平台。

"通俗地说,通过利用这个大科学装置,在未来,许多需要抵达太空才能进行的实验,在地面上就能完成。"哈工大空间环境与物质科学研究院院长李立毅说,这是科学家梦寐以求的。

正带领研发团队进行装置联合调试和试运行工作的空间环境与物质科学

研究院副研究员孙芝茵说,作为科研工作者,要始终以习近平新时代中国特色社会主义思想为指引,以习近平总书记贺信精神为引领,主动瞄准国家战略需求,为加快实现高水平科技自立自强再立新功。

不同于其他科研项目和基础设施,大科学装置既是一个科学项目,又是一个工程项目,兼具科学研究与工程建设的双重特性,技术难度大、周期长、风险高,可借鉴经验几乎空白。

作为"地面空间站"的重要组成部分,零磁空间环境的目标是构建一个屏蔽外界环境磁场干扰的近零磁空间。在导师带领下,"90后"的孙芝茵读博时,创新提出"套娃"式磁屏蔽设计方案。

"地面空间站"离子加速器系统主任设计师刘剑利回忆说,由于大量设备没有成熟产品,团队需要从零起步。设计、加工、安装、调试运行、数据分析……每一个环节都要拿出120%的精力投入。

"作为科研'国家队',不能只考虑我会做什么、能做什么,更要考虑该做什么、要做什么""摸着石头过河,哪里有石头就把哪里的石头搬走"……团队成员坦言,大科学装置通常需要三四百人的团队,但"地面空间站"约百人就完成了,周末假期不休息、一天工作十几个小时是常态,很多时候"一个人当两个人用"。

"'地面空间站'为什么能高效建成?关键是靠自主创新,拿出了'钢牙啃硬骨头'的劲头。"空间环境地面模拟装置总师韩杰才说,学校联合多家协作单位不断攻关,科研探索始终贯穿建设之中,实现同步推进。

在建设过程中,项目团队突破了一系列关键技术,空间环境地面模拟装置各系统目前已全部投入试运行和开放共享,服务国内外多家用户单位,支撑了我国多款宇航电子元器件的研发和一系列国家重大航天任务的实施,取得了多项标志性成果,为国家重大战略需求作出重要贡献。

2024年2月27日,空间环境地面模拟装置通过国家验收。国家验收委员会认为,该项目突破了空间环境模拟及其与物质作用领域的系列关键技术，项目总体建设指标处于国际先进水平，部分关键技术指标处于国际领先水平，装置运行成效突出，科技与社会效益显著。

岁月不居，时节如流，百年时光倏忽而过。在哈工大的发展历程中，一代代哈工大人从未停下敢闯敢试、创业创新的步伐，踔厉奋发、勇毅前行，而今已逾百年。

一百年是什么？是一个普通人最理想的生命长度，是历经一个世纪风云坎坷后的沧桑巨变，是穿过烽火硝烟历经动荡后的一次次成长。对于一所高校来说，百年是穿过无际的苍穹，归来正是风华正茂。

2 抵达梦想的彼端

在不同时代，总有哲人喜欢仰望苍穹、驰梦星空。当如练银河高挂在浩瀚星空之中，从地球西北角的格陵兰，到巴塔哥尼亚的最南端，人们无不为它的出现而欢呼——这是星夜寓怀的美好时刻，也是探索宇宙奥秘的绝佳契机。

在希腊神话中，银河被认为是天神之母赫拉的奶河，因为传说中的赫拉经常在夜晚到天上看望她的孩子们。而在印度，银河被称为"阿克沙亚涅"，意为"永恒的河流"。此外，古埃及和巴比伦的天文学家也对银河进行过描述，他们将它视为天堂之路或神明的居所。而我国古人则演绎出牛郎织女的美好传说，留下"如今直上银河去，同到牵牛织女家""天阶夜色凉如水，卧看牵牛织女星"的千古诗篇。

然而，对于浩瀚星空的奥秘，尽管先哲们有足够的智慧，却还是无法抵达今日航天人梦想的彼端。

第六章
风华：走出高质量内涵式发展之路

2023 年 10 月 31 日 7 时 21 分，神舟十六号载人飞船轨道舱与返回舱成功分离，在中国空间站出差五个月的航天员景海鹏、朱杨柱、桂海潮，辞别浩瀚星河，踏上回家之路。

约五十分钟后，飞船返回舱成功降落在东风着陆场。舱门打开后，三名航天员顺利出舱，身体健康状态良好，中国空间站应用与发展阶段首次载人飞行任务完美收官。

无论是 C919 国产大飞机的成功商飞，还是神舟号航天员乘组圆满完成出舱活动，都彰显着我国航空航天事业发展已进入"快车道"，航空航天科技实现跨越式发展。这些成就的取得，离不开众多科技工作者的前沿攻关，中国工程院院士、哈工大教授杜善义就是其中一位。

"杜先生您好，在不久前参加的学术会议上听到了您的致辞，您当时说的一句话令我印象深刻：'力学不是万能的，但是没有力学是万不可以的。'您一直在科研一线，一定也见证了我们国家力学学科的发展与进步。作为善义班的一员，我特别想了解您对于力学学科未来发展趋势的看法。"

"00 后"的俞茗叶是哈工大未来技术学院善义班的一名学生。2023 年 5 月 8 日上午，俞茗叶和同学们参加了一场别开生面的见面会，走进见面会会场的，正是善义班指导委员会主任杜善义。

这是俞茗叶一生中第一次把问题面对面提给一位院士。就在两天前，一场名为"先进复合材料结构与制造学术论坛"的学术会议在哈尔滨市举行，杜善义在这次会议上梳理了从他刚回国到现在国内复合材料方向的发展，并提到了力学在其中发挥的作用。

而在这次见面会上，杜善义的分享更让俞茗叶第一次清楚地知道了"大师引领"是什么感觉。

杜善义的人生故事，要从 1959 年开始讲起。巧合的是，当时引领他的也是一位著名力学大师。

1959 年，杜善义参加高考。在填报志愿时，他看到中国科学技术大学的招生简章，封面上画着地球和卫星，打开一看，发现近代力学系主任是钱学森先生，他就"义无反顾地报考中科大"。

那时，中科大刚成立不久，虽然招生规模小，但大师云集，钱学森、华罗庚、钱三强、严济慈等一批科学家亲临教学一线。听过钱学森开设的《星际航行概论》等课程，杜善义在心里种下了航天梦。

五年的大学学习生涯，让杜善义的思想得到了前所未有的激荡，更坚定了科学报国梦。他几乎每天都泡在自习室和实验室，"把一天掰成两天过，别人一个月看完的书，我一周就看完了"。

1964年，杜善义毕业后到哈工大任教。1980年，他以访问学者的身份到国外交流。一个偶然的机会，杜善义了解到复合材料已经应用到航空航天领域，新型空天飞行器对轻量化设计的苛刻要求就是一个具体体现。

钱学森早在讲授《星际航行概论》课程时就指出："航天器每一个零件减少1克重量都是贡献，协调重量是总设计师的首要任务。"结构轻量化的实现离不开设计、先进制造，特别是高比性能的新材料。而复合材料，正是由两种或两种以上材料组成的新材料，可以克服单一材料的缺点，在性能和功能上得到提升。

在世界范围内，先进复合材料技术诞生于20世纪60年代末，但直到20世纪80年代，复合材料在国内作为一门科学或材料科学的重要新分支还只是一个概念。到如今，代表着未来材料发展方向之一的先进复合材料，以其无法比拟的优异性能，从高科技领域向民用领域渗透，在许多领域悄悄地取代着某些传统材料的位置。在这个可喜的变化中，杜善义作出了重要的贡献。

1982年回国后，杜善义发觉复合材料前景广阔，便立即把研究方向从断裂力学转向了复合材料。

"只有把结构设计优化，才能把材料用到极致。"不久，杜善义提出用力学理论和方法解决复合材料在研究和应用中的新问题，也就是"力学+

新材料"的交叉融合思路。从此以后，他以无可辩驳的实践证明和理论支持获得了国际国内一致好评，并先后在先进复合材料结构设计、分析、评价，复合材料力学，以及智能材料系统与结构等方面开展了较系统的研究工作。

杜善义说，对一个学科、一个团队而言，想要取得新突破，必须解放思想、敢于创新，以颠覆性技术创新为突破口。当时，我国的航天事业发展正面临着材料更新换代的难题。杜善义研究后认为，飞行器等结构要减轻重量和提升性能必须使用复合材料。而那时，国内并没有多少人认可复合材料，有些专家认为复合材料没有发展前途。

在这样的情况下，学校给了杜善义5000元的科研经费，让他开始从事复合材料的研究。科研过程在起步阶段最为艰苦，杜善义自己也记不得熬过了多少个不眠之夜，经历了多少曲折，不懈的付出终于获得了回报。

随着复合材料的大发展，1990年杜善义在顾震隆的带动下，与他一起创建了哈工大复合材料与结构研究所，杜善义任所长。作为国内最早研发复合材料的单位之一，在杜善义的带领下，研究所从刚起步时只有几个人的研究小组，成长为今天经费上千万、拥有四十多位高级科研人才团队的现代化科研单位。不仅如此，所里的复合材料研究工作也取得了辉煌的成就——无论在工程界还是学术界都有着骄人成绩：承担的任务既有国家"863"计划等大型工程应用研究项目，又有应用基础方面的研究；研究所作为技术首席，先后拿到两个"国家安全重大基础研究"项目。杜善义创建和指导的团队，先后被评为教育部创新团队和国家自然科学基金委创新群体。

2019年8月26日，在第二届"钱学森力学奖"颁奖典礼上，杜善义由于在航天复合材料与结构力学领域的成就，经中国力学学会钱学森力学奖评审委员会评选，荣获第二届"钱学森力学奖"。

"杜老师不仅是一位学术大师，他还提供给我们一种学习方法甚至人生哲理。"俞茗叶记得，杜善义分享时提到，要辩证看待和正确处理三种关系。一是苦与乐的关系。科研工作有时很枯燥，想要取得突破和成果，需要付出大量的时间和精力，只有敢于吃苦、乐在其中，才能"守得云开见月明"。二是机遇和挑战的关系。机遇和挑战往往是并存的，只有勇于迎接挑战，才能抓住难得的机遇，在突破自我的同时收获成功。三是现在和未来的关系。他勉励同学们既要珍惜现在的学习时光，更要放眼未来，立足党和国家事业发展需要来规划人生、谋划未来。

杜善义的教诲恳切且耐心，俞茗叶发现，一旦和杜善义这样博学而阅历丰富的人进行了交流，他言传身教的道理就不再是简简单单的一句话，而是一种选择、一个方向、一条道路。这也正是哈工大设立包括善义班在内的对拔尖本科学生实施"精英教育"的"院士班"的初衷。

"我们认为，大师成长有共同规律，要把这些规律提炼总结出来，转化成可行的杰出人才培养路径。为此，我们对传统的人才培养模式、机制做了较大改革。以小卫星班为例，我们在以往探索的基础上，打破了传统学院和专业界限，通过重构、精简课程，把以往课程体系中陈旧的环节、重复的知识减掉，把每门课最核心的内容教给学生，让学生把更多时间、精力用在思维锻炼和能力实践上。学生可根据爱好和特长，在航天专业及全校任意专业中选择一个主修、一个辅修。"在谈到哈工大设立的"院士班"时，熊四皓说。熊四皓提到的小卫星班，是哈工大"院士班"之一。自2020年开始，哈工大创新推出由院士领衔或担任班主任的小卫星班、智能机器人班、永坦班、善义班、人工智能班等特色班，采用"大师+团队"、本硕博贯通培养模式。如今，7位院士领衔的5个特色班已成为站位高、起点高、特色鲜明的人才培养新载体，成为学校人才培养的"金字招牌"。

在善义班学习过程中，让俞茗叶印象深刻的是，善义班的学生要学的课程是经过精心编排的，这是这个班富于吸引力的一大原因。还有一件让俞茗叶感兴趣的事情，就是善义班推出的"善义班科创实践项目"。俞茗叶他们班的执行班主任解维华，从学院项目制学习的角度出发，让学生们在老师的指导下选择一个适合自己的创新项目来开展实践。

"我选的项目是'变体飞行器的智能控制'。变体,就是指后掠翼可变。这种飞行器的智能控制,就是飞行器在长距离飞行时,可以根据任务状况,让后掠翼展开或收缩。这个项目要从建模出发,通过构建深度学习模型来不断优化控制系数,得到一个可以应用于实际的优化过的控制方法,在实际飞行中进行智能控制。"

通过这一次项目实践,俞茗叶感受到,完成项目并不是目的,项目实践的更大收获在于掌握做项目的方法论,体验从立项、答辩到验收的全过程,以便于在研究生或者更深入的研究阶段,能够快速进入科研环境。"我们现在学到的东西是有限的,想要在现阶段做出一个非常厉害的成果并不现实,但是如果能把过程走完,以后做出成果只是时间问题。"俞茗叶说。

另一方面,俞茗叶也感受到掌握更科学的研究方法、培养对待问题的钻研态度的重要性。"通过做项目,我对自己的知识体系也有了更全面的了解,知道自己该往哪个领域去积累、去学习,这就培养出自己的一套学习的方法论。遇到问题,我们会主动求解问题的答案,比如去看这一方向的论文,或者是跟学长、老师交流,然后回头复盘,找出答案、加深理解。"

这也正如熊四皓所说,通过剖析实际项目案例,"院士班"的老师可以帮助学生在掌握知识的同时,潜移默化地提升其解决问题的能力。

哈工大这一创新教学方法,为"院士班"的学生们提供了一种全新的学习模式,也冥冥之中成为一种试验性的革新范式。正如熊四皓所说,这个范式的出发点,就是"高校要以培养为党和人民作出杰出贡献的杰出人才为己任"。

俞茗叶记得,杜善义提出的关于"杰出人才"的定义令人印象深刻。杜善义说:"杰出人才要有超过一般人才的知识广度和厚度,要有带领团队协作攻关的意识和魄力,还要有对研究领域的前瞻性认识和战略高度,最重要的一点就是,始终将个人发展与国家发展需求相结合。"

以"杰出人才"为目标的梦想,仿佛在俞茗叶仰望的科学星空中绘就一条群星闪耀的银河，那是梦想的长河自由流淌的样子。顺着这条河，俞茗叶寻觅未来的坐标：或者是一名"规格严格，功夫到家"的哈工大老师；或者是进入科研单位，当一名项目总师。

说起自己的梦想，俞茗叶总会回想起和杜善义的交流。他还记得那次聆听杜老师讲话时的场景：会场设计为圆桌形结构，学生们坐在外圈，中圈是他们的师长，里圈是院士就座的主座。

"如果在40年以后，我有幸坐在了里圈，是否会回想起当我还是一个懵懂学生时坐在外圈的时光？我就突然想到，哈工大从老一辈'八百壮士'到现在，他们的精神和功夫，不也是这么一代一代地传承下来的吗？"想到这里，俞茗叶的内心涌上了一股强烈的跨越山海、跨越星空的力量，那仿佛就是渴望抵达梦想彼端的力量。

3

在浩如烟海的科学殿堂里寻找适合自己的那朵浪花

如果说20世纪50年代的老一辈"八百壮士"是怀着一腔科技报国之心毅然北上的话，那么在建校百年的当下，新一批学子北上"冰城"，又有着怎样的情结，他们又将成为怎样的哈工大人？我们把目光聚焦在另一位哈工大的00后学生干志宏身上。

2003年出生的干志宏是浙江温州人，高考那年，他本可以选择离家近的浙江大学，但最后被哈工大传说中的"英才班"吸引，一脚踏入离家千里的哈工大的校门。

"当时选择哈工大，主要考虑的是本硕博贯通培养的机会和'院士班'

的创新培养方式。"干志宏说。

作为未来技术学院第一届永坦班的班长，2021年入学的干志宏越攀登，越清晰地认识到，自己所在的班级将会带给他不同于以往的人生体验。

"和刘永坦先生的第一次见面，我想大家的印象都很深。在见面会现场，我们都有机会向刘永坦先生提问题。这么近距离跟大师交流，真是又激动又紧张。更让我们感到惊喜的是，刘永坦先生把国家最高科学技术奖的奖章带了过来，大家可以近距离地去看、去拍照，很多人都轻轻地摸了摸。"干志宏说。

干志宏记得，刘永坦当时分享了他在威海做新体制雷达的经历。他一开始和团队在威海攻关新体制雷达，研制出的雷达在当地自然环境条件下可以正常使用，但到了把技术继续往应用方向发展的这一步时，团队转战南方，在应用过程中就出现了一系列的问题。比如，因为雷达站靠近赤道，来自大气的电磁干扰比较强。当时团队里有的成员很受打击，觉得继续做下去前途渺茫。雪上加霜的是，相关出资方也撤资，很多事情要从零开始，有一些团队的核心成员在那个时候离开了。

很多人劝当时已经功成名就的刘永坦"见好就收"，但刘永坦深知，如果不把新体制雷达转化成为国家服务的设备，只停留在科学实验的成果上，无疑就像一把没有开刃的宝剑。这也是令干志宏深受震撼的地方。后来，刘永坦自己出钱、向学校借钱，同时也找到校领导，要求"保证新体制雷达课题组核心人员不能动"。随后，他和团队全力投入项目的应用过程。鏖战许久后，在海边新建的大型雷达站基地竣工，并最终完成设备安装和系统改造，雷达性能全部达到各项验收指标，产生了一系列技术创新。

刘永坦在见面会上对在场的永坦班学生说："要坐得住冷板凳，下得了苦功夫，国家的缺乏就是自己的追求，要为国解忧，为国排难，为国尽责，一步一步踏实往前走。"

在这次见面会后，干志宏和同学们讨论起一个问题：如果换作他们在那样艰苦的环境里进行科研，他们会不会选择放弃？他们能不能坐得住这个冷板凳？

"如果换作是我，我在那个看不到希望，也没有资金支持的环境里，可能我也要'跑'了。"干志宏说，同学们也都在讨论说，刘永坦团队成员即使离开这个项目，他们的待遇也不会低。但是耐得住寂寞的人、坐得住冷板凳的人，最终获得的成功也将是其他人难以想象的。

虽然干志宏开玩笑说自己可能也会选择放弃，但刘永坦的事迹已经在他心里留下不可磨灭的烙印。那次见面会以后，干志宏就想着希望像刘永坦一样带领一个团队，有一群人一起做事情，"永坦班就是要做不一样的事情"。为了活跃永坦班的氛围、展现这个集体的气质，干志宏和同学们通过一部讲述刘永坦事迹的舞台剧《一生一誓》，用自己的方式向刘永坦致敬。

在2021级首届永坦班执行班主任李杨眼里，干志宏是一位受到刘永坦感召影响，被他培养出来的新时代大学生的代表。

"作为班长，他吃苦在前，有坚持有韧性，不计较个人得失，把集体利益摆在前面，在学生中有很高的威信，同时在工作中，他又能根据每个人的特点安排好工作，形成团队合力。班级用两年半时间就获得了学校集体类奖项的'大满贯'，跟他这个班长的作用是分不开的。另一方面，干志宏也积极参加学科竞赛，很早就进入导师实验室开始科研尝试……在我眼里，他是德智体美劳全面发展的新时代的优秀大学生代表。"李杨说。

在学生培养方面，李杨最看重的是学生团队协作、主动学习、追求卓越的特点，同时注重对学生系统思维和创新思维的培养。正如干志宏所说，未来技术学院实行的是一种创新培养方式。对于干志宏的培养，除了基础、实践、实习等通识和专业培养，还包括科研的训练和领导力的培养。

李杨介绍说，干志宏在大一时就选择了学业导师，进入实验室从事相关项目的科研训练，并在班级、年级和学院学生会相关工作中逐渐加担子，得到锻炼和成长，比如他大一担任班长，大二开始在学院学生会做部门负责人，大三开始任学院学生会主席团成员。"比如说在遇到难题或重要任务时，对他的要求不仅仅是学习成绩的要求，还有团队协作、领导力、组织沟通能力、抗压能力的培养。"李杨说。

目前，干志宏仍然保持着班级活动和课程学习"双线并举"的节奏，这导致他有时要在自习室里待到后半夜，然后再蹑手蹑脚地回宿舍睡觉，但他并不迷茫。他忘了是在哪里看到过"在浩如烟海的科学殿堂里寻找适合自己的那朵浪花"这句话。他想，在哈工大的学习经历，似乎已经帮助他找到了属于自己的一朵小小的浪花——或许很多人终其一生，都没办法找到这朵属于自己的小小的浪花啊。

关于未来，干志宏的想法是朝着项目总师的方向发展，参与到电子对抗、外源探测等方面的项目中去。随着大学学习不断深入、有机会参与到项目中，他发现自己的大学生活和别人的真的不太一样。

"我和以前高中同学聊起来的时候，很多同学在想怎么考研、怎么保研，但对于未来人生的规划还不太明确，我不用考虑这些问题，我会有更多的时间去参与、去学习。哈工大是一个非常大的平台，能有机会接触到很多优秀人才。班上的同学们也有各自不同的发展方向，有的在院士团队里做事情，有的在编程、文艺方面崭露头角，但大家都朝着自己明确的方向在努力。"干志宏说。

越来越多"院士班"的学生们感受到，从起初的不确定方向到人生目标逐渐清晰，他们所在的这个班级正是他们人生中一个重要的十字路口。他们认识到，自己是"站在巨人的肩膀上，攀登更高峰"。

来自2021级善义班的赵汗青从小就有一个航天梦。在高考分数出来后，他想到这会是一个将个人抱负与国家未来事业接轨的最好机会，因此报考了哈工大，进入了"院士班"。

"院士班最吸引我的地方莫过于大师引领。善义班由杜善义院士的名字命名，由韩杰才院士亲自担任班主任，班级内由冷劲松院士、赫晓东院士以及诸多国家级高层次人才担任同学们的导师。他们在学科发展上都有自己独到的见解和视野，能够引领我们走向正确的道路。"赵汗青说，与自己在中学期间学习方式不同的是，科研方面的项目课题需要自己主动与导师联系，沟通研究方向与方案，交流问题与心得。从本质上来讲，这是高中被动学习向大学主动学习的转换，也是对同学们的一个考验。

在学习和项目实践过程中，赵汗青渐渐发现，跟其他学校比起来，哈工大最有特色的应该是真正将科研成果向航天实际应用的转化。学校立足航天、服务国防，很多导师团队的科研项目都与中国航天科技集团、中国航天科工集团实际研发项目接轨，有一种真正投身中国航天事业的紧迫感。"加入导师的课题组后，我们可以将想法转化成实际应用，这种成就给个人带来的荣誉感是很多学校所不具备的。学校以及各学院还经常组织讲座，由学术大师、工程巨匠为同学们引领方向。"赵汗青说。

也许有人会问，来"院士班"的都是各个省份的学霸，会不会存在现在社会上流行的"内卷"现象？赵汗青对此很坦诚地说："在班级中的竞争难免存在，大家都朝着更好的方向努力，这是一个积极的现象。但因为大家都专注于自己的方向和项目研究，所以不存在'内卷'的说法。"在与导师讨论后，赵汗青已经确定了自己的目标，就是在完成本科阶段的学习后，将继续在本专业领域进行研究生阶段的学习。在完成目标学业后进入航天院所，将在学校学到的知识真正学以致用，为中国航天事业贡献自己的一分力量。

熊四皓说，"院士班"是推动高等教育内涵式发展、推动深化人才培养改革的全新探索，我们要为实现中华民族伟大复兴的中国梦贡献智慧与力量。作为一所工科强校，哈工大紧紧扭住培养杰出人才这个着力点，不断探索构建拔尖人才培养体系。

随着2020年小卫星班招生启动，一幅"大师+团队"的蓝图铺展开来——永坦班由2018年度国家最高科学技术奖获得者、两院院士刘永坦任班主任；善义班由力学和复合材料领域著名专家、中国工程院院士杜善义担任指导委员会主任，哈工大校长、中国科学院院士韩杰才担任班主任；小卫星班由中国工程院院士曹喜滨任班主任；智能机器人班由哈工大副校长、中国工程院院士刘宏任班主任。

2023年，哈工大面向2023级本科生新设人工智能班，由中国工程院院士、鹏城实验室主任高文领衔并担任班主任。2023年10月，选拔进入首届人工智能班的20名新生与班主任高文见面并互动交流。依托哈工大一校三区优势资源，人工智能班聚焦未来革命性、颠覆性技术人才需求，培养具有优良品德、家国情怀、攻坚能力、国际视野，能够引领未来发展的科技创新领军人才。

"这些院士特色班的研究领域虽然不同，但目标一致，那就是培养具有国际视野、家国情怀、创新思维、攻坚能力的未来领军人才。"熊四皓说。

"院士班"的特色教育，正是哈工大力求改变教师传统的灌输教育、知识教育，更加注重实践环节及能力培养的教学方针的缩影。

比如，在小卫星班的培养方案中，大一学年主要以数理及计算机编程基础为主；大二学年开设机械、电子、力学等专业基础课程；从大三学年到研究生阶段，采用贯通式培养，依托紫丁香学生卫星创新工场，以国家重大工程需求为牵引，科教融合，提升学生思辨、实践、创新及协作能力。智能机器人班则推出了空间机器人、仿生机器人、微纳机器人、医疗机器人等创新课程，促进人工智能、大数据、云计算、5G等多学科交叉融合。

就读于2021级智能机器人班的李品谋对此深有感触。"我们和别的班最大的不同就是我们可以根据实际情况和学生需求选择每个学年上哪门课。比如理论力学这门课我们就是大一下学期学。从大三开始，在培养方案设置时，我们下午基本不安排课程，目的就是为了让我们下午去实验室。晚上会选择温习课程，或者继续在实验室跟着项目学习，这对于我们巩固专业知识很有帮助。"李品谋说。

"未来技术学院，首先是着眼'未来'，即未来前沿技术。未来技术学院的教学特点有很多，其中之一就是改变了传统的教学体系，把原来的课程重新优化，如经评估认为不需要学的课程可以不学，或者将几门课程组合到一起学，同时着力提升学生基于项目的实验能力、创新能力，给学生更多的机会接触科技前沿的东西，寓科研于学习。"冷劲松说。

2021年11月，教育部公布基础学科拔尖学生培养计划2.0基地名单，哈工大物理学拔尖学生培养基地入选。至此，哈工大共有四个拔尖学生培养基地入选国家"拔尖计划2.0"。

4 "八百壮士"今何在？

在前文，我们曾说起过1963年由中国工业出版社正式出版的一本名为《蒸汽锅炉的燃料、燃烧理论及设备》的教材，这是由秦裕琨编写的中国锅炉专业课程的第一本国家统编教材。

那一年，秦裕琨30岁。

2023年11月13日，秦裕琨在哈尔滨逝世，享年90岁。

一个人的一个甲子，见证了一所高校在党的领导下一路走来。从哈工大的"小教师"，到哈工大燃烧工程研究所所长，再到哈工大副校长，直至退休以后不忘教学一线，一生科研报国、一生孜孜以求，这正是以秦裕琨等人为代表的老一辈"八百壮士"的真实写照。

在秦裕琨89岁高龄之际，人们仍然能在哈工大的校园里见到他的身影，这时的他，有一个新的身份：正能量宣讲团成员。

在党的二十大胜利闭幕之后，作为能源学院碳中和能源技术研究所教工党支部书记，秦裕琨走进实验室，来到师生之中，结合自己学习党的二十大精神的体会为大家讲党课。

"党的二十大报告提出'实施科教兴国战略'和'积极稳妥推进碳达峰碳中和',这为我们学科发展提供了难得的契机,大家要抢抓机遇,要为国家推进能源革命、加快发展方式的绿色转型提供人才与科技支撑,为全面建设社会主义现代化国家作出我们的贡献……"

视频中的秦裕琨一头白发、精神矍铄,戴一副黑框眼镜,胸前佩戴党徽,一望而知学养深厚。

当听到同学们正在开展"双碳"相关的研究时,秦裕琨来了兴致:"'双碳'是国家战略,有着广阔的前景,大家要加快进度,要把论文写在祖国的大地上,重视产业化。科研成果必须经得起实践检验,必须满足工程应用。"

在与能源学院教工党支部书记和支部委员面对面交流时,秦裕琨结合自己在哈工大几十年的工作经历,从 20 世纪 50 年代的锅炉专业谈到后来的热能工程专业,又谈到由燃烧工程研究所更名后的碳中和能源技术研究所。他的话语中,把"国家需求"看得很重:"学科发展要与国家发展需求紧紧相连,要瞄着前沿,去拓展服务国家能源发展重大需求的新方向、新领域。"

秦裕琨浓浓的家国情怀和对哈工大教学事业倾注的心血,浸润在他的每一次讲座分享内容中。

2018 年 1 月,在哈工大正能量宣讲团百场讲座现场,秦裕琨也曾结合自己的经历与青年学子分享"我与哈工大 我的中国梦"。他是一位见证者,也是一位建设者,从新中国成立到改革开放再到中国的日益强盛,秦裕琨亲历了中国一次又一次翻天覆地的变化,他的强国梦和报国心历久弥坚。作为一名中国共产党优秀党员,他用自己毕生的选择,诠释着科研人员要始终以国家利益为考量,将研究方向和国家发展需求紧紧相连的坚定信念。

哈尔滨工业大学离退休职工正能量宣讲团,被称为哈工大"常燃不熄、常烧常旺"的一团火。这些老教授、老专家们称自己为"80 后",通过一场场讲座、一个个故事，帮助青年学子坚定理想信念、铭记责任担当。在哈工大迎来建校百年之后，一位位"00后"学生走入校园，校内各处也在进行着一场场"80后"与"00后"连接过去与未来的对话。

总有生命的流星不可避免地划过苍穹，但一种时代的精神却可以不朽。在他们头顶的星空中，那条从奔赴梦想的时刻起就在如水如瀑般流淌的银河，永不褪色。

第七章

回响：我们时代的"八百壮士"

⋯⋯

当一位戴着无框眼镜、神采焕发的老师推门走进教室，用他锐利的眼光扫视一下全场学生，你便觉得这个教室里的灵魂，充满了被某种学术的光芒照射着的生气。

每所学校都留存着一代代莘莘学子的记忆载体，从这些载体中，可以觅得这所学校的前世今生。哈工大最"硬核"的载体莫过于"规格严格，功夫到家"的校训石。

从中国地图的坐标上看，哈工大哈尔滨、深圳、威海一校三区的校训石，仿佛三个支点一般连接成一个稳固的三角形，形成一个吸引哈工大学子的强力磁场。在磁场磁力的感染下，"规格严格，功夫到家"的一笔一画深深烙印在每个哈工大人心中。

对今天的哈工大人来说，每当谈起校史，总会将20世纪50年代的哈工大第一个"黄金时代"赋予某种传奇色彩。而与第一个"黄金时代"相伴而生的老一辈"八百壮士"，他们规格严格、功夫到家的共同价值追求，让他们的弟子看到了治学之道与为人之道在现实中的投影。如今，他们培养的学生也成长为先生，又通过言传身教，将严谨治学的态度和精神传递给下一代。

流金岁月中，一张张熟悉的面孔汇聚为初心的力量；一百多年来，变化的是教学方式与方法，始终如一的是规格严格的优良传统、是学校对教师严谨治学的要求和对学生深切朴实的关爱。如今，"八百壮士"已被赋予新的时代意义，潜移默化地成为哈工大人做人、做事、做学问的共同价值追求。

1　最后一排的学生，都能感受到数学殿堂在召唤

王光远是"八百壮士"当中一颗耀眼的星。前文讲到，出生于太行山脚下的他，曾为了求学千里迢迢赶赴甘肃天水，最终成为中国结构设计研究领域的开拓者。他一生的研究无不将中国结构设计的领域扩张延伸，使之能够解决社会发展中出现的难题，紧跟世界步伐。

但王光远令人敬佩之处不仅在于他的科研成果，还在于他曾花了整整10年时间过教学关的教学实践。

1952年，28岁的王光远从当时的哈工大师资研究班毕业后，被任命为哈工大建筑力学教研室主任。自那时起，他就潜心研究教学法，创建了哈工大当时教学效果最好的教研室。关于王光远的多个"第一"的记录，也从此时开始：1959年，王光远成为教育部批准的第一批研究生指导教师；1981年，他成为国务院学位委员会批准的第一批博士生指导教师；1986年，他又是第一批被批准建立博士点的人，为当时的建设部和黑龙江培养出第一名博士；1987年，他牵头建立了黑龙江省第一批博士后流动站之一的力学博士后流动站。

王光远的学生吕大刚回忆说："我花了大概五六年的时间过教学关，主讲过十多门的课程，这一点是老师要求的。"

关于王光远花10年时间过教学关的记载，已经成为哈工大第一个"黄金时代"传奇的一部分。这个"黄金时代"珍藏着关于哈工大教学课堂的很

多传奇故事：我国著名光电子专家马大猷曾任哈工大教务长，他学识渊博，在讲授《电工基础》课的第一堂课电工发展史绪论课时，很多同学竟听得入神，忘了记课堂笔记；洪晶曾留学美国，治学严谨，讲课充满了辩证法，听她讲了"光的绕射"理论后，曾有学生一有机会就眯着眼睛看着灯光周围，实际体验"光的绕射"现象。

在四十多年后的 2000 年，留校后即将走上三尺讲台的马惠萍，也清晰地感受到"规格严格，功夫到家"如何一点一滴地融入她的教学生涯。

马惠萍最初的梦想并不是当一名老师。"2000 年在哈工大读博时，正赶上仪器科学与工程学院教研室缺老师，我就办了提前留校。"

然而任何一条道路如果想要走得长远，等待行路人的并非坦途。很多老师在刚刚走上讲台时，都会因为几十双、几百双眼睛的注目而变得紧张，马惠萍也概莫能外。

"当时我要讲一门课，教研室主任给我安排六门课听课任务。主任对我说：'你不能只会讲你这门课的内容，否则你没有底气，你怕学生问这门课以外的问题。'"

就这样，从驻课听讲、批改作业、带实验、带设计、试讲到老师指出问题后改进，再到登上讲台，最后达到熟练的程度，马惠萍用了三到五年的时间。哈工大的师长们对她的言传身教，影响了她的一生。

"长大后我就成了你，才知道那支粉笔画出的是彩虹，洒下的是泪滴……"刚刚来到哈工大时，马惠萍并不理解，如今经过了二十多年的教学实践，马惠萍懂得了这句话背后一种沉甸甸的传承。

"因为做足准备，正式走上讲台就是厚积薄发的过程。面向学生的时候，就感到一种荣誉感、使命感、责任感。"马惠萍说。

二十多年的教学实践中，马惠萍从青涩走向成熟。一开始，因为年龄小，她想显得成熟一些，因此总是不苟言笑，留给学生很严肃的印象。随着年龄的增长，马惠萍自己的孩子也和学生一样大了，她更能够理解学生、站在学生立场上设身处地与他们交流，自己不苟言笑的习惯也渐渐改变了，讲课时更加收放自如、张弛有度。

发现学生没交作业，或者有一堂课没来，马惠萍一定会询问，让学生感受到她的关心与温暖；她把学生当成自己的孩子一样去关心爱护，耐心讲解，在沟通交流中推心置腹，让学生们很是信赖，甚至到晚上十点了，还会有学生通过微信问她问题，而她也很耐心地给他们一一答复……通过教学及关爱，马惠萍和学生的关系进入一个更加良性互动的境界，她成为学生们心中真正的师者。

有人也许会问，一门课讲很多年，会不会产生倦怠感？也有人会觉得，讲一门课是不是就可以直接用从前的教案，一劳永逸？

对于马惠萍来说，即使一门课讲了很多年，每一年都要重新备一遍。"我也要与时俱进，把一些新的教学模式及时融入课堂中，让学生感受到给他们传授的都是最先进的知识和理念。"马惠萍说，自己作为基础课老师，在某种程度上眼界不够宽，"我们学院谭久彬院士指导我们，课程内容和教材体系要以国家的战略需求为导向，跟得上国家重大需求的变化"。

目前，马惠萍负责的两门课《互换性与测量技术基础》和《精密机械学基础》分别被评为国家级线上一流本科课程和国家级线下一流本科课程，同时马惠萍也将教材建成新形态教材，把数字资源融入纸质教材里。

无独有偶，很多老师都有每年重新备课的习惯，数学学院教授孙杰宝就是其中之一。

身材精瘦、亲和力强的孙杰宝是一位"不安分"的老师。他不满足于顺利完成每一堂课，总是想做出改变。"数学里有很多抽象思维，我力求用生动的语言讲解出来，这样学生哈哈一笑就把知识点接纳了，他们听课没有那么紧张，教学效果也更好。"除此之外，孙杰宝还经常给学生讲故事，"某个重要的定理，背后有什么有趣的、励志的故事，我都会介绍给学生"。

"八百壮士"今何在
我们时代的哈工大

想象一下这样的场景：当一位戴着无框眼镜、神采焕发的老师推门走进教室，用他锐利的眼光扫视一下全场学生，你无端便觉得这个教室里的灵魂充满了被某种学术的光芒照射着的生气。接着，他把随身带着的教案放在讲台上，然后开始潇洒地板书，边讲解边行云流水地写下一行行公式的推导过程，而他粉笔的笔尖仿佛有一根隐形的线连缀着学生们的眼睛，一束束目光被这笔尖牢牢牵动着……

这样的场景，似乎和威廉·燕卜荪[①]来到西南联合大学的前身长沙临时大学上《英国诗》时的场景有某种相似之处，"上课铃摇了，一根红通通的鼻子，带着外面的雨意，突然闯进半掩的门里了"，"修长的个子，头发是乱蓬蓬的"，"一身灰棕色的西装"，"我们的诗人一进门，便开口急急忙忙地说话；一说话，便抓了粉笔往黑板上急急忙忙地不停地写字"。

如燕卜荪的模样烙印在西南联大学子的脑海中一般，孙杰宝的模样也印在了很多哈工大学子们的心头——对于《数学物理方程》《最优化方法》《计算方法》《数值分析》四门抽象而令很多人望而生畏的数学课，孙杰宝能让五光十色的学术细胞渗透到每节课的字里行间。"其中《最优化方法》是给未来技术学院的学生讲授的，《计算方法》《数值分析》教材用的是哈工大的，我来哈工大的时候就有，沿用了好多年。"孙杰宝如数家珍地说："我最多的时候上六门课，虽然有些课程是研究生的课，但经常能看到每次学生来占座的积极性都达到跟本科生一样的程度。"

在孙杰宝看来，备课的关键就是要"觉醒"，让学生的积极性有所觉醒，让他们喜欢学习、喜欢听课。"我讲的一些课是大班课，没办法点名，自己能做的就是一定要想办法提升授课效果，争取在第一节课就让学生喜欢上你的课，把他们吸引到课堂来。这时候就要从讲课技巧、课程内容设置、

[①] 威廉·燕卜荪（William Empson），英国著名文学批评家、诗人。1937年，燕卜荪乘坐跨西伯利亚列车来到中国。当时长沙临时大学已经建立，燕卜荪来到这里报到。"燕卜荪"是他为自己取的一个中国名字。

这门课的重要性的论述等方面，激发学生学习的内生动力。内生动力调动起来以后，学生对数学课的畏难情绪也就没有那么严重了。"孙杰宝说。

比如在《数值分析》的第一节课上，孙杰宝并没有急于开始课程的讲述，而是先把精心准备的几个问题抛给学生。

"学生此前已经学过用定积分的方法求体积、求质量、求重量、求能量等。但是对于我出的一道计算题，99%的学生都会选择用经典的方法计算，但结果就是南辕北辙——好比用一个公式测量一个人的身高，结果算出一个负值来，那肯定100%算错了。这样一下子对学生的触动特别大，我正好借机进入正题。"

"我会跟学生们讲，在实际操作过程中，我们本以为完全可以通过经典方法解决的问题，其实每算一步都会产生误差，一步步下来产生误差积累，结果你算了成千上万次，误差积累越来越大。这样就只能通过重新设计方法，比如说把原来方法中的'乘以N'改为'除以N'，才能真正解决问题。"

"再比如，我在第一节课会让学生解一个20阶的线性代数方程组。线性代数方程的解法是大一就讲过的，但都是低阶的，来到20阶的话就会出现计算量大、耗时长的问题。这时候如果用原来的方法，就会出现这样的情况：假设一台计算机每秒可做10的10次方次运算，那么用老办法算出结果就需要算3075年。这样一来学生就会发现，原来的方法显然不可行。为什么老办法解决不了新问题？学生的兴趣就会被吸引过来。"

老师的课讲得好不好，学生们的口碑就是证明。2019年的一天，一位电气学院毕业多年的学生，给数学系的孙杰宝老师发了一封邮件，邮件中说："上了孙老师《最优化方法》这门课，深刻感受到严谨的数学逻辑是多么迷人，通过优化算法解决了自己设计的一个数学问题，这让我有了自信心。我最后选择了跨专业去攻读计算生物学博士学位，这门课改变了我的人生轨迹。"

更多的学生们把孙杰宝称为自带光芒的"宝哥",因为他一登上讲台就能让学生们产生"进入知识殿堂"的仪式感,他讲起课来特别兴奋,而且总是面带微笑,让学生如沐阳光。他们说:"一路上有您的教导,才不会迷失方向,一路上有您的陪伴,才使人生更加精彩。"

孙杰宝把他讲课"自带光芒"的秘密归功于自己驻课时积累下的经验。

2008年6月,刚来哈工大,孙杰宝也和其他老师一样,被要求驻课。在驻课过程中,孙杰宝听过王勇(也就是前文提到的"四大名捕"中的"首捕")和吴勃英的课,"他们的本硕博都在哈工大就读,通身是规格严格的劲儿:板书工整,从来不看教案,声音洪亮,讲课特别有激情,但是几节大课下来,俩人都不想说话,因为他们已经在课堂上释放出自己全部的激情"。

孙杰宝回想起有一次,吴勃英感冒了,但因为她当时讲的那门课是几个老师在同一时段上,没法找人替换,只能坚持,而且一上就是一上午。第四节课下课后,孙杰宝和其他老师等她一起吃饭,谁知一见到她,她便说了一句"不跟你们说话了,说不出来了"。

最让孙杰宝感到难忘的,是数学学院的很多前辈老师都有绝活。据孙杰宝回忆,当时驻课时,吴勃英讲的是《数值分析》,她在课上板书迭代公式,一个公式正好占满一整块黑板,就连公式里用到的英文符号也写得清晰规范,让人一目了然。

王勇自不必说,孙杰宝听人说这位"老三届"在参加高考前在当地艺术团专务京剧演出。在孙杰宝驻课时,一些教室内的音响效果还不够好,只有讲台周围的一定范围装有扩音系统,但王勇讲课时的洪亮声音,可以贯穿整个教室,让最后一排的学生,都能感受到数学殿堂在召唤。

孙杰宝的讲述,难免不令人想到"八百壮士"先驱者的模样。哈工大老教授王铎就是其中之一。在王铎的学生和同事们眼中,他的讲课艺术已达到炉火纯青的境界。

全国模范教师、哈工大环境学院教授何钟怡，从学生时期就受教于王铎的学术论文和讲座。他的一番话，揭开了王铎讲课炉火纯青的奥秘："王老师的讲课风格不属于热情洋溢、滔滔不绝型；也不是精于遣词用字、娓娓动听的类型。他讲课的真正魅力在于对所谈论问题的深刻理解，他精心地为听众剪裁出一条简捷的路线，自自然然地引导你进入知识之门。朴实无华的语言避免了华丽辞藻分散你的注意力；用语不多，句句重要，使你集中精力于主线；讲授中没有惊人之语，但险阻处皆有舟桥相济，从而达到了行其当行，止其当止，深入浅出，想象丰富的认知境界。"

王铎的故事并非孤例。1949至1957年期间在哈工大读铸造专业的王孟尝回忆说，他记得听苏联专家扎米亚京讲理论力学，他不紧不慢一句一句都入耳有声，从不多说一句无用的话，而且从不拖堂。下课铃声一响，他刚好把完整的一节课讲完，上下不差一分钟。

1958年进入哈工大工程物理系学习的张守贵也回忆说，他记得有一位教材料力学的老师，讲课非常认真，不过在快下课时，同学们发现他时不时地往讲桌里边看。下课后，有同学偷偷去查看一下，发现原来老师来上课时，书包里藏着一个马蹄表。当时手表是高档品，这位老师没有手表，只有这个马蹄表。这表放在课桌上怕影响学生视线，于是他便偷偷放在讲桌里掌握时间。但其实这位老师讲课内容编排得挺准。他一讲完，下课铃就响。后来同学们背地里不叫他的姓，而是叫他马蹄表老师，简称马老师。

面对哈工大前辈们这样功夫深厚而神乎其技的讲课艺术，刚开始上课的年轻老师感到紧张不足为奇。为了克服这种紧张感，孙杰宝把办公室的墙模拟为黑板，天天练板书、研究如何进行课堂设计，仔细琢磨课堂上的每一个细节，"相当于训练自己在平时就能进入讲课的状态"。等到正式登上讲台后，紧张感没有了，孙杰宝还会主动关注下面学生的状态，在板书一个知识点后，他会主动和学生们互动，"从他们的眼神中观察他们懂没懂"。在孙杰宝讲了两年之后，他感到上讲台发挥得自然了，板书、课堂设计更加合理了,"也能观察到学生通过自己的讲解有了收获"。

如今,三尺讲台对孙杰宝来说,就像舞台一样。"我讲起数学的时候,就感觉特别兴奋,我就想自己一定要通过好的讲解将知识传授给学生。我进入状态后,学生也就跟着我一起进入了。"

能在课堂上感受到跟着老师一起进入学术殿堂的独特体验,在哈工大并不难找。有这样一位老师,他的课程被学生评价为"简直是一件艺术品""千万不要倍速,听完你会很震撼""听完老师的课,我更加坚信,物理是美的"。

"我们不妨再来欣赏一下伟大的牛顿力学的基本方程。看到这些公式,人们最大的感受就是震撼,它可以处理各类力学问题。但是你可能很难会想到,要去另立一套新的力学体系,因为这绝不是一件容易的事情,可能需要十几年甚至几十年的时间,其间所承受的压力、阻力、其他人的非议都是难以想象的。但值得庆幸的是,还是有人毅然从事了这样一项'疯狂'的工作,并且最终取得了成功。"

这是哈工大物理学院教授任延宇在线上课堂中的一段话。就是像这样引人思考、给人启发又带点哲理意味的一句句话,拼凑出了一套物理课的"魔法书"。

为了展现出"无用之用、众用所基"的基础科研魅力,任延宇多年如一日,精心打磨每一门课程,确保每一门课的授课质量。他在板书的设计、课件的制作上都力求精美。比如,在录制理论力学慕课的时候,录制方提供一块有暗格的黑板,由于课程涉及大量数学推导,字迹过小,学生在手机端会看不清,任延宇就找来一个有格子的本子,在上面提前设计好,记住每个格子要写什么内容,以保证每次课都能充分利用黑板,且不出格,让学生们不费力地入眼、入脑、入心。

如何提高"抬头率"是很多老师,尤其是公共课老师思考的问题。在这一点上,任延宇仔细寻找课堂的切入点,旁征博引,调动学生的思考兴趣,使学生能够跟上复杂的板书推导而不觉枯燥，同时根据课堂的气氛灵活处理讲解内容、引入互动，从而使学生们在不知不觉间吸收课堂知识点。

任延宇讲授的线上物理课程，播放量超过三十万，弹幕数量一万余条，在学生间的热度不亚于热播剧集。课程结课的时候，任延宇总是收到同学们的"抱怨"——干货太多、收获太满。

2 走进课堂，打开人生 99% 的可能性

"在信息爆炸的时代，传统的知识传授方式已经被重构。老师不可能通过课堂有限的时间去传授无限的知识。如果学生只掌握了课上的知识，恐怕就是教学的失败。因此，我们要把知识传授的目的放在让学生掌握如何去学习这些知识的能力上。"孙杰宝说，源于课堂、高于课堂，考验的是教师的"教学力"，解放的是学生的"学习力"，只有达到"高于课堂"的效果，学生才能通过课堂上有限的教学，具备无限学习的能力。

"高中阶段为了应试，学生很多时候学习的是做题的套路，缺乏独立思考的能力，这对于真正的数学研究来说是远远不够的。数学学习需要有严谨的思维、缜密的逻辑和对数学问题探索的热情。"孙杰宝说，这一理念也成为他热衷于指导学生创新创业的原动力。

近年来，哈工大将创新创业教育融入人才培养体系，贯穿人才培养全过程，形成了多部门协同推动大学生创新创业的机制，培养了一批优秀的创新创业人才。孙杰宝就是其中一位亲历者与见证者。

"哈工大把一起做创新创业指导活动的老师集合到一起，大家集合智慧和经验共同指导本科生做创新创业项目。在这一过程中，我们渐渐摸索到一

个行之有效的方法：因其知识、视野所限，很多创新创业活动对本科生来说比较困难，因此我们在指导过程中想尽办法引导学生，给他们一个实际的问题，让学生通过自己掌握的知识完成实际问题的求解，这对锻炼学生的创新能力、创新思维，培养他对创新研究的兴趣是非常好的。"孙杰宝说。

也许有人认为，数学课在哈工大这样的工科院校是"配角"，没有必要在教学过程中花费这么大的精力，但孙杰宝认为，很多数学知识和方法在工程技术学科中都有很重要的应用，比如在嫦娥五号月壤钻采子系统里就需要利用数学方法解决动力学优化问题。孙杰宝还会在课堂上介绍某些重要定理、原理背后，许多数学家前赴后继、不断探索的过程，讲述科学家的励志故事作为讲课内容的补充，潜移默化地培养学生为科学奋斗的精神。

对于哈工大超精密光电仪器工程研究所副所长胡鹏程来说，高于课堂，意味着对学生思维独创性的启发。

"在实验中启发学生进行思维发散训练，让学生通过自己掌握的知识基础、学术资源和能力优势来找到解决问题的合适路径，才能达到'高于课堂'的效果。"在胡鹏程培养的学生中，有一位名叫郭佳豪的学生令他印象深刻。

在一个基础实验中，郭佳豪关注到这样一个现象：一个电容传感器两极间的电力线边缘出现弯曲现象。从传统意义上看，边缘电容是对电容传感器测量精度的干扰项，但在胡鹏程的启发下，郭佳豪开始突破传统的思维定式：能否在实验中变缺点为优点，把边缘电容这一干扰项利用起来，用于倾角测量等用途？

受此启发，郭佳豪开始从事一个关于边缘电容的创新项目，该项目最终获得全国大学生创新创业项目国家级支持和优秀结题成绩。在此基础上，他开展的本科毕业设计获得哈工大优秀本科毕业设计（论文）金牌，他也借此成果在高水平学术期刊《工业电子学报》（*IEEE Transactions on Industrial Electronics*）发表一篇文章。

基于在哈工大培养的实验技能和思维方式，郭佳豪申请到密歇根大学——安娜堡分校的联合培养研究生机会，并于 2021 年在物理学顶级期刊《物理评论快报》（Physical Review Letters）上发表关于极峰孤子的文章，为国际上高能超快激光、超长距离精密测量提供共性方法基础。

"郭佳豪在密歇根大学学习期间的实验技能，已经达到熟练掌握（skilled）的要求。他所做的极峰孤子研究，把前人假设多年的一种孤子，通过实验生成出来了，取得了从 0 到 1 的重大原创性成果。"胡鹏程说，这一成绩的取得，与郭佳豪在大学期间思维方式的训练、深入剖析问题能力的锻炼是分不开的。

实验教学是培养学生创新能力、激发学生创新思维的一个重要途径。每年面向全校 37 个专业、三千余名学生开设实验课程，是哈工大电气工程及自动化学院教授级高级工程师、电工电子国家级实验教学示范中心副主任廉玉欣坚持多年的教学实践。

在廉玉欣看来，实验教学课堂上的有限学时，是远不能达到培养学生的动手能力和创新精神的目的的。"因此，在学生进入实验室之前，我们要为他们提供多样的自学途径。"廉玉欣说。

在一张廉玉欣课堂上的教学课件截图中，加法运算电路的实验步骤被清晰地展示出来。为提升教学效果，廉玉欣和同事们一起制作了多样的数字化资源来帮助学生自主学习，其中既有动画、视频、图片、文档等静态平台资源，也有基于 flash 交互功能的动态平台资源，学生获得专业知识的渠道从而大大拓展。

而这正是廉玉欣所在的哈工大电气学院电工电子国家级实验教学示范中心探索的一条以实践教学引领理论教学的创新路径。

"2000 年本科入学时就听说中心传承了'铁将军'等老一辈哈工大人的

教风，在这里的学习让我切身感受到什么是'规格严格，功夫到家'。"国家级高层次人才、仪器学院教授崔俊宁回忆说，无论是课程设计还是实验指导，都特别严格，二十多年来，这种精神一直在潜移默化中影响着他。

20世纪90年代，哈工大将电路、电工学和电子学三个实验室合并扩建，成立电工电子实验教学中心。中心首任主任、国家教学名师蔡惟铮教授说："不仅要做优秀课程，还要做精品课程；不但要做优秀教师，还要追求群体优秀。"

在中心第二任主任、国家教学名师吴建强教授带领下，中心引领国内电工电子实验教学改革新发展，构建了"自主性、个性化、研究性电工电子实验教学体系"和"网络化、全开放、自主学习的实验教学模式"，2007年获批国家级实验教学示范中心建设单位，2012年通过验收。

"吴老师经常说，早一步是财富，晚一步是包袱，他带领我们在实验教学的道路上一步一个脚印走下去。"廉玉欣说，这句话也成为他和他的同事们致力于创新教学模式的座右铭。

如今，中心每年开设19门实验课程，年均教学工作量约十万人时数。通过中心自主设计的实验内容，学生从查阅资料、选择元器件，到构思实验电路与步骤，再到搭建调试电路，最终到项目完成，均可独立进行操作。这让学生在自主实践中充分展现出个性，自主创新能力得到锻炼和提升。

在三代名师接续带领下，中心获得国家教学成果奖一等奖1项、二等奖3项，黑龙江省教学成果奖特等奖1项、一等奖10项，并荣获国家级教学团队。中心的全开放实验教学模式、慕课、教材、数字化教学资源被国内上百所高校采用。

中心现任主任、电气学院院长、国家级高层次人才王淑娟认为，做老师就要乐教爱生、甘于奉献，学生的成长成才就是老师最大的幸福。她带领团队持续优化实验教学体系，改革实验教学模式，更新实验教学内容，不断强化学生工程实践能力和创新能力培养。

在很多学生眼里，这里成为他们创新创业的起点，让他们能够探索人生更多的可能性。"这里有先进的实验设备、经验丰富的老师学长，帮我打开了科创的大门。"2023年获得第十八届全国大学生智能汽车竞赛一等奖的航天学院大四学生李适说。

3 我们时代的"八百壮士"

提起"八百壮士"精神的传承，胡鹏程用一句话来概括他的做法："自己要成为一个好老师，你的学生才能成为好老师；你怎样带自己的团队，你的学生将来也会怎样带他的团队。"

"以技术为基础，思想为引导，教出优秀人才，激发出高端人才。"本着这样的理念，从学生进入专业学习开始，胡鹏程就为学生设定了每一年的培养目标，希望他们将来都能成为"国家队"的一员。

"大团队、大平台、大项目、大成果"是胡鹏程所在的哈工大超精密光电仪器工程研究所始终坚持的理念。胡鹏程说，正是这个优秀的平台和团队，让他能够一路向上攀登，也让很多师兄弟"见过更好的风景后还是选择留下来"。

"师者，传道、授业、解惑也。"胡鹏程既精心于"授业"，更重视"传道"和"解惑"。曾经为了一项技术研发，胡鹏程带着一批教师和工程师、7届硕士生连续攻关，每年攻克一些难题，不断积累和完善，终于取得了突破性成果。"我这个人性格比较较真，而且喜欢动手实践，所以特别适合做精益求精、创新集成的研究。"胡鹏程说。

"从国际形势出发，以国家需求为引导，让学生知道自己必须做什么、能够做什么,才能帮助他们找到自己的方向和目标。"胡鹏程力求把自己的学生培养成为既仰望星空又脚踏实地、能真刀真枪地解决问题的人,把论文真正写在中国大地上,在未来的科技战场上成为召之即来、来之能战、战之必胜的"战士"。

近年来,胡鹏程和团队研制成功新一代超精密激光干涉仪后,连续获批多项国家重点研发计划项目和课题,不仅将研究深入引力波探测、量子化计量等前沿领域,还将瞄准超精密仪器的高速动态比对测试进行攻关突破。

1997年,胡鹏程从江苏省考入哈工大测控技术与仪器专业,2008年选择留校工作。"博士毕业时,谭久彬老师说有个国家科技重大专项,其中一项关键技术就是我的研究方向,希望我能继续参与研究。"于是,胡鹏程留了下来。他说,自己是土生土长的哈工大人,选择留在黑龙江、扎根东北,是因为"国家需要",也是因为"这里有干事创业的平台"。

新生代的"八百壮士",牢记老一辈哈工大人的言传身教,传承他们对祖国教育事业的满腔热忱,为"八百壮士"精神赋予了更为丰富的时代内涵。

多次当选"我心目中的优秀教师"的哈工大航天科学与力学系教授程燕平,在近四十年的教书育人生涯中以扎实的功底、走心的课堂传授和课后辅导成为学生心中的"男神"。

从教二十多年来,电气学院教授霍炬和同事们把"铁将军"把关的教学作风在电路教研室恪守并传承了下来,如今他已成长为黑龙江省教学名师,他主讲的"电路"课程,连续多年评教A+。"一代代哈工大教师兢兢业业、勤勤恳恳、鞠躬尽瘁,作为'铁将军'的传人,我接过了哈工大'八百壮士'精神的火炬。"霍炬说。

哈工大生命科学与技术学院教授黄志伟带领的团队完成了三年破解三个世界科学技术难题的壮举,他还从零开始推动哈工大结构分子生物研究方向的学术建设,成为哈工大最年轻的学院院长。

"治学很严谨,平时很'暖男'"的"80 后"电化学工程系主任、特种化学电源所副所长王家钧曾获"中国电化学青年奖"等荣誉,他在国内率先将同步辐射成像技术应用于电池研究,实现对电池的"把脉治病",被称作"电池医生"。

哈工大化工与化学学院黄玉东教授团队胡桢课题组面向国家航空航天领域重大需求,破解极端环境下高分子纤维材料难题,为嫦娥五号任务设计月壤钻取采样袋,把被探月工程总指挥栾恩杰称为"哈尔滨香肠"的采样袋送上了太空。

正如胡鹏程所说,想起来仿佛昨天我还是个学生,如今我的学生已经成为骨干了。在哈工大这片浩瀚的知识海洋里,后浪一浪接一浪地奔涌着,充满了澎湃的动力,也推动着哈工大的精神版图不断向未知的领域延伸。

获得第 24 届"中国青年五四奖章"集体奖的哈工大紫丁香微纳卫星团队,由"90 后""00 后"学生组成,平均年龄 24 岁,以学校卫星技术研究所为依托,汇聚了学校航空宇航科学与技术、力学、计算机科学与技术、控制科学与工程、机械工程、信息与通信工程九个学科的本科生、硕士和博士研究生一百余人。

获得第 27 届"中国青年五四奖章"集体奖、问鼎苍穹的哈工大问天舱机械臂团队,由机械、电气、计算机等多学科青年教师和博士生组成,平均年龄 33.3 岁。

被称为"太空水稻的稻田守望者"的曾德永,2016 年来到哈工大攻读硕士研究生。他在读博期间培育出了拥有自主知识产权的水稻新品种,如今已是哈工大医学与健康学院的一名助理教授。

想象一下这样的场景:阳光炙烤大地的夏天,正是水稻生长的季节。一望无际的水稻田有着某种孤独与苍茫的感觉。每天在稻田里摸爬滚打的曾德永经常被蚊虫咬得体无完肤,却始终乐在其中,因为那些沉甸甸的稻穗,就是他投身北疆最好的回报。

"我喜欢这种接地气的研究，从实验室到田间地头，这才是最好的青春。"曾德永最大的梦想就是有一天自己培育的太空水稻，带着航天科技飞入千家万户。

六十多年前，也是在这片沃土上，老一辈"八百壮士"响应党和国家号召，奔赴松花江畔，立下一生的壮志。

彼时，"工厂在建设，大学在建设，城市在建设……整个哈尔滨就像一个大工地"。就是在这样的"大工地"里，老一辈"八百壮士"感受到了新中国蓬勃发展的脉动，他们的内心闪耀着理想的火焰，他们的报国豪情将在这里挥斥！

大师引领大师，大师塑造大师，大师成就大师。

"国之所需，吾之所向"，哈工大是孕育大师、产生大师的地方，"规格严格，功夫到家"的校训，点亮了一代代哈工大人明眸中的亮光。

今天，哈工大"八百壮士"已被赋予了新的时代意义，潜移默化地成为哈工大人做人、做事、做学问的共同价值追求。越来越多的哈工大人传承"扎根东北、爱国奉献、艰苦创业"的精神，"八百壮士"成为今日哈工大学子特色最鲜明、最有辨识度的精神符号。

在为国家、为地方经济社会发展贡献力量的同时，哈工大在诸如抗震救灾、扶贫助困、支教等活动中也不甘人后，发挥自身优势，作出了应有的贡献。

朱镕宽是哈工大2019级硕士研究生、哈工大第十七届研究生支教团广西队队长。2019年7月，时任哈工大学生会主席的朱镕宽和13名同学休学一年，来到广西壮族自治区金秀瑶族自治县开展支教活动，他们也是哈工大第三批研究生支教团。通过在当地学校开展"启梦瑶山"暑期学校、"烛光夏令营"活动，他们"用一年的时间，做一件终生难忘的事情"；通过实施"圆梦计划"、开展"瑶山讲堂"，哈工大持续做好教育帮扶、人才帮扶、科技帮扶等工作，为当地精准脱贫贡献力量。

哈工大的一批批优秀的研究生支教团队把青春奉献给乡村教育事业，用知识与爱为孩子们的梦想插上翅膀。自2002年起，哈工大连续21年选派532名学生奔赴22个支教地开展支教工作。制定"圆梦计划"，开展"瑶山讲堂"，挂牌"哈工大"班；创立"索玛芬芳·爱满凉山"爱心助学计划，为563名贫困同学筹得143万余元；联合学校党支部与服务地各村党组织结成共建对子，助力乡村振兴……如今，哈工大研究生支教团的工作已延伸到青藏高原等艰苦地区，足迹遍及11个省份。

以杨振岭为代表的无私奉献捐献造血干细胞群体，累计无偿捐献RH阴性B型血16600毫升的张健，奋不顾身跳入冰窟救人的何晓波、刘峰，将青春与热情奉献在祖国西部的支教队员，几十年如一日照顾退休老教师的班集体……他们是勇于承担责任的社会脊梁，哈工大人成为他们共同值得骄傲的名字。

"面向未来，哈工大将牢记嘱托，坚持社会主义办学方向，始终坚持党的领导，赓续哈工大'八百壮士'的优良传统，矢志扎根祖国边疆，全方位培养、引进、用好各类人才，打造更多国之重器，培养更多杰出人才，为加快建设世界重要人才中心和创新高地贡献智慧和力量。"熊四皓说。

第八章

归宿：暖廊花开，当如你所愿

我们以为，他们的梦想，是乘着火箭扶摇而上的骑士，在星空之上拯救了地外星系的公主。但他们却认为，他们的梦想，是站在无数个千差万别的宇宙边缘的哨兵，瞭望"永恒暴胀"的无穷无尽。

什么是理想大学的模样？美国教育家罗伯特·赫钦斯（Robert M.Hutchins）认为，"大学是人格完整的象征、保存文明的机构和探求学术的社会"；在林语堂的笔下，理想大学应该是"一大班瑰异不凡人格的吃饭所，是国中贤才荟萃之区，思想家科学家麇集之处"；冯友兰则从其"大大学"思想出发提出"一个真正的大学……他应该是一个专家集团，里面应该是什么专家都有。这一种专家集团，是国家的智囊团"。

对于理想大学的模样，没有人能够给出学子心中最理想的答案。对于如今的青年学生而言，他们似乎不想被某种概念所束缚，又或许他们的标准远远游离于既有标准之外——他们想要的更多。或许更简单、纯粹，也或许更玄妙而无厘头。

1 "理想大学的模样"

每一年的哈工大都在历史的刻度上标记下一个崭新的刻痕。而在2023年留下的一个刻痕，或许注定会触碰到很多哈工大人记忆最深处的褶皱。

从哈工大位于西大直街的正门进入，穿过哈工大本部主楼广场，沿着学校的一条主干道一直向前走，就能看到凌空连接起宿舍和教学楼的一座连廊。对于老一辈的哈工大学子来说，这或许是他们从未想过的能在母校实现的事情。

当人们提起哈尔滨，"千里冰封，万里雪飘"的句子或许会一瞬间显现在脑海中。老一辈"八百壮士"中，有不少人曾经描述过北疆的严寒带给他们的切肤体验。

1953年，中国第一个"五年计划"刚刚开始，急需大量人才，提前一年大学毕业的秦裕琨，把3个分配志愿依次填写了东北、西北、华北。"苏联援助中国的156个国家重点建设项目大多在那边，特别是东北地区有56个，占全国三分之一还多。"秦裕琨当时只有一个信念：建设新中国。

秦裕琨如愿被分配到东北，前往哈工大师资研究班报到。从上海到哈尔滨，开始时生活很不习惯。"那时候冬天比现在冷得多，零下三四十摄氏度，风刮在脸上像小刀子一样，以前窝窝头没见过，高粱米没吃过。"

电机系工业企业电气自动化专业1952级学生耿昭杰也在后来回忆说："记得我们刚来时这里正是冬天，第一天招待我们的是高粱米饭。当时是半夜 12 点，我们中间一个上海来的女同学当场就哭了。"

1951 年考入哈工大预科的姜奎华也回忆说，当时预科结束，进入本科后，他每天早晨从沙曼屯出发，走到土木楼上课，晚上再走回去，"路上要花两个来小时，刮风下雨，天天如此"[①]。

可如今，地处北疆的哈工大却让人有了四季如春的感觉——在数九寒冬，人们可以脱掉厚厚的羽绒服，穿着单衣往来于教学楼、公寓、图书馆、食堂。这便是哈工大的文化新地标、国际一流水平的校园暖廊工程。

为有效缓解极端天气对校园生活的影响、提升师生校园生活便捷度，从 2022 年开始，哈工大启动校园暖廊规划建设，按照总体规划分期实施。目前，校园暖廊一期、二期工程已竣工，"连廊飞架南北"已成为哈工大校内一大景观。

由多条空中走廊组成的校园暖廊被设计为透明保温玻璃幕墙，远观神似通往飞机舱内的登机廊桥。在暖廊内，人们可自由穿梭于各个空间，也可以眺望远处的风景。白天看去，暖廊宽敞明亮，入夜掌灯，暖廊里的人流成为动态的剪影。

"母校越来越人性化，足不出户，洗浴、健身什么都有，出户也有暖廊""就为这暖廊都得好好学习""今天哈尔滨风大雪大，出行难度大，此时我羡慕女儿可以穿梭于暖廊中"……2023 年 11 月初的一场大雪，让哈工大的暖廊登上了热搜。也恰巧在这个时候，哈工大校园暖廊二期在 11 月 7 日全线贯通开放试通行，让哈工大的学生有了"去教室上课像去登机"的体验感。

如今，全长 1330.13 延长米的哈工大校园暖廊一、二、三期已竣工，学生在暖廊间畅通无阻，"冬季出行穿单衣"成为现实。

---

① 周素珍主编：《报春晖——校友的回忆与畅想》，哈尔滨工业大学出版社 2000 年版，第 112 页。

第八章
归宿：暖廊花开，当如你所愿

阳光下的校园暖廊　　　　　　夜色中的校园暖廊

　　未来，暖廊的功能还将有所拓展，有望转变升级为学习型连廊、交通型连廊、健身型连廊、展示型连廊等，实现连廊功能效用的最大化。

　　在网上，哈工大暖廊成为社交网络平台上的一个热门标签，众多网友称其为"理想大学的模样"。《新京报》评论认为："这份对学生的关怀，这种服务学生的细致心思，体现了哈工大校园管理的人性化，也是建设世界一流大学不可或缺的重要一环。"

　　未来，暖廊四期、五期将覆盖一、二校区主要楼宇，从蓝图迈进现实的一条条暖廊已成为集暖廊、学生活动空间、文化展示于一体的校园文化新地标。尤其是自2023年8月28日起，哈工大全面开放校园，暖廊也成为各大社交平台上的"网红打卡地"。

　　"到2024年，我们要打造超过两公里的暖廊，学生们基本上可以实现一天24小时的上课、生活、运动、娱乐都不用出暖廊，穿单衣就能解决。"熊四皓说，学校的特色"暖廊交通"实际上是花小钱办大事，学生们幸福感

221

满满。

  暖廊之外，一系列暖心工程点亮哈工大校园——学生公寓历史性实现全部学生"洗浴不出楼"，本科生高质量四人间全面实现，学生公寓空调达到全覆盖，公寓体育馆成为打卡地，正在建设中的风雨操场也将融入更多的智慧科技、更完善的设施。

  与此同时，哈工大还邀请师生代表列席校党委常委会会议并参与讨论，共同为提升美丽校园建设水平建言献策。2023年11月，哈工大面向师生、校友开展以"美丽校园·梦想空间"为主题的美丽校园创意设计大赛，师生可参与已建成的校园暖廊及其连接处，正心楼、诚意楼、致知楼、二校区主楼等多处校园设施的设计。在方案征集结束后，哈工大将对方案进行完善优化，并按照计划施工建设，呈现出师生的巧思妙想。

  从一个侧面，我们能够看到哈工大在学生中和社会上的口碑。国内知名论坛虎扑网的2023年高校评分中，哈工大以9.8分在全国3000多所高校中排名第一。有网民说，绝大多数高校排行都遵循专业指向，比如根据科研成果、论文发表情况、学生就业率等数据进行排名，而网络平台的高校评分，显然在更大程度上取决于学生的感性体验。在这一方面，哈工大把"以人民为中心"的发展思想落在了实处。

  为建设更加宜学宜教宜居的美丽校园，满足师生日益增长的对美好生活的需要，一栋栋高楼拔地而起，一个个项目加速推进，一项项规划落地实施，一批批设施靓装上阵，哈工大校园建设的速度可谓"日新月异"。

  校园建设离不开文化氛围的营造。学校构建"哈工大四季"校园文化品牌，以"春、夏、秋、冬"为体系框架，打造冰雪文化节等28项专题，形成了"师生大合唱""迷你马拉松""主楼后花园""消夏电影展""冬季雪合战"等多个千人级子品牌活动，实现一季一中心、一月一主题。

  在春天，微风吹过，沁人心脾的丁香花花香扑面而来。校花丁香是哈工大带香味的名片，在盛开的时光中留下不褪色的回忆。"中国航天日"系列校园活动是年轻的追梦人崭露头角的舞台；从十大主持人、十大演讲家等比赛中，一位位校园"网红"也逐渐为全校师生所熟知。

在盛夏，校园里树木参天，郁郁葱葱，像一把巨伞给师生们遮阳。少数民族文化节、"不负好时光"草地音乐节、"健康向未来"校园迷你马拉松等活动，给校园带来无限活力。盛夏同时也是离别的季节，"丁香花开，唱响未来"毕业歌会也成了每一届学子难忘的回忆。

在秋天，走在落满五彩树叶的路上，或坐在树下的长椅上，依稀听得到理查德·克莱德曼（Richard Clayderman）的《秋日私语》钢琴曲，诉说着温馨浪漫的秋日童话。秋天，也是相聚的季节。新生运动会、中秋游园会、迎新文艺晚会等活动，让每一片浪花融入哈工大这片广阔的海洋。

入冬后，穿上厚厚的衣服，踏上滑雪鞋，来自天南海北的学子纷纷融入"冰城"哈尔滨的冰雪季。学校开设的滑雪、滑冰、雪地球等特色运动项目，以及"冰雪趣味运动会""雪地杯"足球赛等校园赛事，让哈工大成为"无冰雪，不工大"的冰雪文化胜地。

迷你马拉松现场

随着哈工大校园基础设施建设的高质量推进，学生们的所思所想也和这所学校的发展脉搏联结得更紧密，更多学生们的急难愁盼成为学校着力打通的"最后一公里"。

在 2023 年 5 月发布的 2023 软科中国大学生满意度调查结果中，哈工大在"奖学金、助学金、荣誉奖励评选等公平合理""学校图书馆提供丰富充足的图书资料和电子资源"等项目中名列纳入调查的 2590 所高等院校前茅。其中，在"学校领导重视学生的意见，包括抱怨"一项调查中，哈工大以 69.7% 的满意度高居榜首。

2　今日之哈工大人：创造属于 20 岁的奇迹

每一个有梦想的孩子，都把它视作这个世界上最瑰丽的珍宝。如果有一个能够储存梦想的玻璃罐，他们一定会小心翼翼地把梦想储存在里面，直到他们发现一个能够放飞梦想的殿堂。

2020 年 5 月，哈尔滨工业大学紫丁香学生微纳卫星团队荣获第 24 届"中国青年五四奖章集体"。这群平均年龄不到 24 岁的"90 后""00 后"大学生，被称为"中国最年轻的航天力量"。

10 多年前，在很多人的印象中，大学生自主研制卫星参与国家航天工程，是近乎天方夜谭的事情。要证明自己的实力，这群年轻人选择"放卫星"——放出一颗真正的卫星。

哈工大卫星技术研究所副研究员韦明川介绍说，紫丁香团队研制卫星始于欧盟发起的 QB50 项目，该项目于 2010 年提出，邀请全球高校参与，采用 50 颗立方体卫星组网。

2012 年，紫丁香学生微纳卫星团队正式成立。这支队伍以卫星技术研究所为依托，会集 100 余人。他们来自航空宇航与科学技术、力学、计算机科学与技术、控制工程、机械工程等不同学科，实现了本硕博协同创新、集智攻关。

2012 年 5 月，团队设计的"紫丁香一号"立方体卫星方案入选 QB50 项目，卫星重量仅为 2 公斤，轨道高度约 350 千米，用于探索人类尚未深入研究的 90 至 300 千米低层空间，于 2017 年从国际空间站释放入轨。

2015 年 9 月 20 日，"紫丁香二号"在太原卫星发射中心升空，成为我国首颗由高校学生自主设计、研制与管控的微纳卫星。

重量仅 12 公斤的"紫丁香二号"卫星构建的飞行软件在轨试验平台能够在空间环境中对 FPGA 软件的可靠性等进行验证；星上电子设备可以进行全球航班、航舶等状态信息的收集和大型野生动物踪迹的跟踪等任务，卫星携带的工业红外相机则能够实现对森林火灾、极端气候条件造成的地温变化进行成像监测。"紫丁香二号"的成功发射对探索微纳卫星在未来航天装备和国民经济建设中的作用具有积极意义。

由此开始，紫丁香团队在航天领域逐渐崭露头角。在很多团队成员心里，他们把这个集体放在很重要的位置上。他们明白，卫星研制是一个大的系统工程，因此每个人都不是单独存在的个体，必须团结协作。在这个队伍里，一群人因共同的兴趣聚在一起，为共同的目标而努力。

与此同时，也正因单打独斗难以完成卫星研制任务，卫星技术研究所为紫丁香团队配备了相关学科近 20 名教师，由过去的"一对一""点对点"指导到现在的"多对一""多对多"指导。

为培养学生工程实践能力，卫星技术研究所将卫星系统设计与仿真软件、全物理仿真系统、振动台、真空试验装置等价值亿元科研资源全部向学生开放；按航天工程组建研究团队，下设动力学、热控等 10 个研究小组，成员根据兴趣和特长自主选择，充分调动学生的主动性。

跬步千里。通过紫丁香系列微纳卫星的研制、发射、管控和应用，学生工程实践能力不断强化；在与国内外航天机构的合作与交流中，学生的思维方式也更成熟而富于系统性。在此基础上，通过导师团队的言传身教，团队在工程实践中传承和践行航天精神，达到德才并行的人才培养目标。

曹喜滨说，工程领军人才至少需要具备五种基本能力，包括知识融合、技术创新、前沿预判、组织协同和工程实践等能力。"我们以微纳卫星工程研制为抓手，按照航天工程管理和研发模式建立了学生创新工场，运行管理和工程研制任务完全由学生自主完成，为学生施展才华自主创新提供平台支撑。不同年级、不同专业背景、不同知识结构的年轻人在一起进行思维碰撞。"

2019年2月，一张摄于月球背面、被外国媒体评价为"最美地月合影"的照片亮相，引发全球众多网友的关注。照片的摄影师署名为"龙江二号"，它是伴随着嫦娥四号中继星任务发射到月球的一颗微型卫星。

2023年博士毕业留校的哈工大航天学院博士生奚瑞辰，参与了"龙江二号"研制工作。提起这段经历，他的一双眼睛里就闪烁着名为热爱的光芒。通过参与"龙江二号"项目，奚瑞辰感到从小燃起的航天梦仿佛再也不是那么遥不可及。他感到在自己和哈工大的老师和前辈们周围，有一个共同的追梦航天的磁场。在这个磁场里，每一个人的心中，都有属于自己的航天梦的轮廓。

2017年考入哈工大航天学院的黄家和，在刚进校一个月后就加入了紫丁香团队。他从小喜欢拆解各种电子设备，并且乐于投身科创比赛。2003年10月15日，神舟五号飞船搭载航天员杨利伟飞上太空，这是我国发射的第一艘载人航天飞船。向苍穹发起挑战，这对于孩童时期的黄家和来说是一件非常神奇的事情，从此，他的心中种下了航天梦的种子。

进入团队后，黄家和很快发现，团队里的每位成员都是梦想的追寻者、优秀的合作者、不懈的奋进者。同时，每个人都不是令人感觉刻板的工科

第八章
归宿：暖廊花开，当如你所愿

生，相反，每个人都有自己的个性，每个人都有独特的兴趣和"浪漫"。

1996 年出生的泰米尔，也是为了梦想加入紫丁香团队的一位追梦人，同样在哈工大读大一时就加入了紫丁香团队。

考入哈工大后，泰米尔加入了学校的业余无线电俱乐部。一次偶然的机会，泰米尔听说紫丁香团队的探月卫星上还剩下一点空间，可以再放一个载荷，便萌生了研究设计星载相机的念头。他和队友一商量，便开始了"龙江二号"微型相机的设计制作。但是卫星上留给他们的是一个只有 22 毫米 ×42 毫米的空间，尺寸只有拇指大小。要在这里放一个照相机，难度可想而知。

年轻的冒险路上，除了收获胜利果实的欣喜，也少不了磨难和打击。设计与研发困难重重，到项目的最后，只有泰米尔一个人还在坚持。泰米尔记得，有段时间为了赶测试，每天后半夜还在研究所里工作，"应该是除夕夜前后那几天的一个半夜，我才完成终稿"。

当人们震惊于地月合影的美，泰米尔和团队成员却觉得，更有意义的是他们成功地接收到了"龙江二号"的信号。

"这是一条十分难走的路，但也是学长们曾经走过的路。"微型相机设计开始那一年，泰米尔 20 岁，他和紫丁香团队的其他成员们，共同创造了属于 20 岁的奇迹。

"'龙江二号'项目时间紧、任务重，为保证整星测试的连续性，在实验室熬夜是常有的事。"说起"龙江二号"项目的由来，曾是紫丁香团队一员的邱实记忆犹新。

"对于微卫星而言，独立完成地月转移、近月制动、环月飞行在全球范围内都没有过成功先例，也就根本谈不上借鉴别人的经验。"邱实说，现在回想起来，那时他经历的战斗的一年，一辈子都不能忘记。他和团队成员与时间赛跑，跟自己较劲，没有节假日的概念，没有白天黑夜的区别，大家都抱定了不完成任务决不罢休的决心。

卫星技术研究所副教授吴凡对当时团队攻坚克难的情形印象深刻。在每次回忆起这段历程时，他的脑海里总是会浮现出值班室里的一张值班表。在"龙江二号"卫星模拟太空环境试验阶段，团队里负责热控工作的只有"60后"教师孔宪仁和"90后"的郭金生，因此他俩每天"白加黑两班倒"。"这是团队拼搏精神的缩影，让团队有了'团队之魂'。"吴凡说。

正如团队成员所说，在这个星光熠熠的年轻团队背后，是一段段不为人知的寂寞时光。赶往自习室的匆匆脚步、假期泡在实验室的身影、熬夜等待的实验结果，都记录着他们的追梦之路。

吴凡回忆说，在刚刚接触卫星研制时，面对模棱两可的基本概念、毫无头绪的工程实验，想要在最短的时间内迅速谙熟生疏的知识并将其转变为能灵活运用的理论，然后再将理论付诸实践，对他们而言，难度可想而知。"查资料、读文献，在实验室通宵作战反复钻研和琢磨，几乎成了团队的家常便饭。"吴凡说。

而今，吴凡依然奋战在卫星研制一线，从事卫星姿轨控设计方面的研究。"看到浩瀚无垠的风景，得益于我们站在巨人的肩膀上。身处最好的时代，最大的珍惜就是尽己所能，为这个时代作出应有的贡献。"吴凡说。

正如泰米尔所说，在"龙江二号"搭载微型相机的设计过程中，从硬件六次大改到软件长达半年多的调试，再到最终相机随着"龙江二号"升空拍回地月合影，追梦路上伴随着他的，是一个个难题和挑战。当他和团队成员们抬头仰望月亮的时候，他们想到的是，青年人要勇于有梦，但更要脚踏实地，有不驰于空想、不骛于虚声的精神。

不驰于空想，不骛于虚声，不要在奋斗的年纪选择安逸——是这群追梦人在征途中领悟的深刻道理，也是很多哈工大学子们向前迈出的坚定脚步。

漫步在哈工大校园里，和你不期而遇的头发花白的老先生，可能就是获得国家多项奖项的老院士；擦肩而过步履匆匆的年轻人，可能就是刚刚参加全国大赛载誉归来的青年才俊。

第八章
归宿：暖廊花开，当如你所愿

一位位成绩卓越的专家学者，一个个如雷贯耳的姓名，一颗颗闪耀苍穹的科技之星，让人高山仰止。从哈工大这个"英雄的校园"里，已经走出了十余位党和国家领导人、123位两院院士、166位大学书记和校长、142位省部级领导干部、53位共和国将军、450余位航天国防总师……

哈工大也涌现出一大批献身于航天事业的杰出校友：孙家栋、栾恩杰、胡世祥、刘竹生、黄本诚、李元正、范瑞祥、张柏楠、尚志、朱枞鹏、贾世锦……他们如耀眼夺目的星，指引着一代又一代学子追梦的路。

在哈尔滨市西大直街南侧，标注着哈工大学子梦想起航的坐标。位于这里的哈工大主楼，是哈工大历史上第一个"黄金时代"的象征。作为哈工大的标志性建筑，它的身影频繁出现在哈尔滨的城市宣传片中。这座建筑是"苏联社会主义民族建筑风格"，以高大、庄严、神秘的气势取胜。苏联建筑风格进入中国后，建筑设计进一步简约化、世俗化，神秘感及装饰性降低，但宽大、厚重、均衡、庄严以及刺破苍穹的气势犹在。

在无数个梦想争相绽放的校园里，历史与现实的光影在这里重叠，一处处承载着哈工大学子记忆、蜿蜒着哈工大发展未来的建筑反复吟唱着一座百年殿堂的乐章。

在哈工大科学园一角，以"祖国以光"为名的马祖光院士纪念园静静矗立。走进纪念园，一句句箴言、一幅幅图片令人不禁对这位光学界著名专家心生崇敬。他在逝世前用颤抖的手留给学生的遗言，也令人久久难以忘却——

成为祖国的建设者，必须付出巨大的努力，希望与成功正等待你们。

在纪念园尽头，高达三米的马祖光雕像引人注目，雕像的一块石碑上，还雕刻着马祖光的学习笔记，仿佛"八百壮士"精神在我们时代的回响。

那是一代人的历史在时间刻度上的划痕。

3 今日之哈工大：成为闪耀独特光芒的自己

哈尔滨市中心，中央大街。

车水马龙、人潮熙攘，仿佛是这里永恒的节奏。脚下有名的"面包石"向前延伸到目之所及的尽头。根据民间传说，这些石头价值不菲，据说一块"面包石"值一个银元。正因为如此，中央大街也被称为"黄金步行街"。

当年，胡适站上中央大街时，曾感慨万千，说自己发现了东西文明的交界点。他在《漫游的感想》里说："哈尔滨本是俄国在远东侵略的一个重要中心。当初俄国人经营哈尔滨的时候，早就预备要把此地辟作一个二百万居民的大城，所以一切文明设备，应有尽有……'道外'街道上都是人力车。一到了'道里'，只见电车与汽车，不见一部人力车……人力车代表的文明就是那用人做牛马的文明，摩托车代表的文明就是用人的心思才智制作出机械来代替人力的文明。"当年的车水马龙可见一斑。

20世纪20年代的中央大街，俨然小型世博会，最时髦的商品在这里汇聚，最时尚的文化在这里交融，大量资金在这里流动，文艺复兴、巴洛克等多种风格建筑在这里鳞次栉比。中央大街由此成为近代文明在中国东北的一个入口，哈尔滨从此成为中东铁路上的"远东第一城""东方莫斯科"，哈工大的前身哈尔滨中俄工业学校也由此兴建。

一百多年后的今天，人们在这里找到历史与现实新的交汇点——在哈尔滨市道里区中央大街134号，哈工大与哈尔滨市道里区政府共建的哈工大中心成为中央大街这条百年老街的"网红打卡地"。百年高校入驻百年老街，仿佛是悠悠岁月绵延至今的漫长走笔。

机器人、机械手、小卫星、500 米口径球面射电望远镜……触摸着一件件国之重器的模型，参观者仿佛能从这里感受到新中国有力跳动的脉搏。

在新中国成立之初，我们国家的工业基础非常薄弱，哈工大就承担起了服务新中国工业体系建设的任务。哈工大是国内最早开展机器人研究的单位，被誉为"中国机器人的黄埔军校"。1985 年，哈工大研制出了我国的第一台弧焊机器人和点焊机器人；2016 年研制成功的空间机械手，在天宫二号上实现了国际首次人机协同在轨维修科学实验。

正是因为有了一件件国之重器的"横空出世"，哈工大赢得了新中国"工程师的摇篮"的美誉。

在哈工大中心的"杰出人才厅"，墙上每一张照片的背后，都有一个令人肃然起敬的名字、一段催人奋进的故事。他们或是一辈子为国家打造科技重器，守卫我们国家的安全；或是一生桃李无数，为国家培养一批批青年英才；或是成为党和国家的干部，执政一方、造福一方。

正如韩杰才所说："瞻望哈工大人的英雄群像，可以看到：哈工大人一路心向'卓越'，他们始终保持一股'手中有一颗纽扣，就想着为国家做一件大衣'的魄力，有条件上，没有条件创造条件也要上；他们始终保持一股'风雨不动、盯住不放，数十年如一日开展长周期接续攻关'的定力，硬是把追求卓越的'冷板凳'坐热，为国家啃下一块块'硬骨头'；他们紧跟时代、超前谋划，以前瞻创新之举一次次自我超越，为哈工大基业长青破局开路，他们始终走在全国高校前列。"

一个人前行的姿态，也是一代人奋进的姿态。套用时任清华大学校长梅贻琦于 1938 年 4 月 28 日在湘黔滇旅行团[①]最后一站昆明圆通公园落脚时的

[①] 由于抗日局势恶化，1938 年 2 月中旬，长沙临时大学开始往云南昆明搬迁。其中一路由近 300 名学生组成"湘黔滇旅行团"，最后于 4 月 28 日抵达云南昆明。

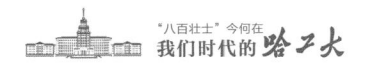

一句话说："诸位此时的神情不是还要向前走吗？"①

在这本书的写作过程中，我不得不一遍又一遍地重新拼凑书中关于"今日哈工大"的具体细节，因为总有一股来自哈工大的风拂面而来，令人难以割舍。

2023年11月22日，中国科学院、中国工程院公布2023年增选当选院士名单，当年同住在哈工大学生七公寓506室的赫晓东、郭世泽分别当选中国工程院院士、中国科学院院士。而曾经住在同一宿舍的韩杰才，已在2015年当选了中国科学院院士。"韩杰才当选院士的时候，我就开玩笑说要是有一天我们仨都能当选院士会是什么感觉……"郭世泽笑着说，没想到梦想成真，一个宿舍一共住着3位博士生，全部当选院士。

2024年2月3日11时06分，由哈工大威海校区牵头研制的通遥一体化卫星系统"威海壹号"01/02星搭乘捷龙三号运载火箭在广东阳江附近海域点火升空，卫星顺利进入预定轨道，发射任务取得圆满成功。这是哈工大成功发射的第23颗卫星。作为国内首个面向海洋目标探测识别的通遥一体化卫星星座，此次发射的"威海壹号"01/02星每颗重量约95公斤，采用太阳同步轨道，轨道高度为520公里。卫星星座突破了智能星上处理、高速星地/星间激光通信、双星协同遥感等关键技术，将星地激光通信速率提升到40Gbps，达到国内领先水平。

在这片受到"八百壮士"精神滋养的沃土上，有奋力破土的幼芽，有蔚然成荫的参天大树，只要努力就不会被辜负；在这座众多学子埋头从事艰辛科研的殿堂里，哈工大会给"甘坐冷板凳"的教学科研人员以"热待遇"。

环境学院郭婉茜33岁时被破格聘为教授，她说："这是同类高校绝大多数年轻人不太敢想象的事情，我深刻感受到哈工大对人才成长的支持。"

---

① 引自杨潇：《重走：在公路、河流和驿道上寻找西南联大》，上海文艺出版社2021年版，第629页。转引自《记联大学生步行团抵滇》，云南《民国日报》1938年4月29日。

第八章
归宿：暖廊花开，当如你所愿

"哈工大最吸引我的是它本身提供的干事创业的舞台，哈工大是人才成长的沃土。"能源学院朱悉铭有切身体会。

"哈工大尽管地域不占优势，但哈工大自己的造血功能很强。"这是胡鹏程的肺腑之言。

"在这里，我不用担心经费、课题、项目，我可以心无旁骛地向着自己的研究方向去攻关，去做国家需要的事。这里有非常好的团队氛围，大团队、大项目、大平台，最终是大成果。我觉得年轻教师在这里是能干大事的。"青年教师常笛深有感触。

熊四皓指出："全校要聚焦贯彻落实教育、科技、人才三位一体战略部署，努力打造更多国之重器、培养更多杰出人才，奋力走好中国特色、世界一流、哈工大规格的新百年卓越之路。"

韩杰才说："哈工大培养的学生，就是要追求卓越，就是要成为最厉害的拔尖创新人才！"他勉励学生们："希望大家树立大格局，锻炼真本领，增强团结力，做追求卓越的领导者和奋斗者。"

哈工大的校园是古朴的，现在的哈工大博物馆就是曾经的俄国驻哈尔滨领事馆，精美的浮雕和穹顶显现出浓郁的欧陆风情，无声讲述着百年历史传奇；哈工大的校园又是年轻的，现代化的建筑彰显着她日新月异的变化，充满朝气，风华正茂。在校园的每一片土地上，"八百壮士"精神像一座灯塔，照耀着学子们的每一个前进的足迹。沿着这一条条足迹，无数动人的故事还在上演，无数惊人的业绩正在创造，而其中不变的是浸润在这片沃土上的"扎根东北、爱国奉献、艰苦创业"的浓厚情结。

让我们再次把镜头定格在紫丁香学生微纳卫星团队。在很多团队成员的宿舍里，关于航天的印迹比比皆是。其中，一张"我们为梦想而生"的明信片格外醒目、引发网友关注。在这张明信片上，一位身穿太空服的航天员面对镜头，他的身后是充满奥秘的凹凸不平的月球表面。

而哈工大，正是他们脚踏实地的追梦之地。

理想的大学与理想的人生是相似的，汇聚在这里的人们，不是为了成为千篇一律相似的人，而是成为闪耀独特光芒的自己。当儿时天马行空的梦想成为掷地有声的成果，当四面八方的赞誉走进哈工大学子们的生活，他们发现自己的事业与国家的战略是如此地紧紧相连，他们的理想从而愈发地坚定。等待他们的，是星辰与海洋，是博大与宽广，是长路与远方。

　　他们不曾说出什么豪言壮语，但他们朝气蓬勃的身影却昭示着：属于他们的未来，才刚刚开始。

尾 声

历史的自觉

恩格斯指出,"历史就是我们的一切"①。

我们每一分每一秒地发展着的现实,也将成为未来回望当下时或停下慢放或快进略过的历史。对于那些如铁干虬枝般苍劲的部分,会有人留意并记录下来,此之谓"传承"。

在 2023 年的毕业季,哈工大的录取通知书率先火上热搜,通知书上的同款"超级涂层"上过火星,这被很多网友称作"宇宙级浪漫"。

与录取通知书同时送出的,是校长韩杰才院士的寄语:"怀天圆地方,察穹宇万象。系家国,探千垣万宿;立天下,自领衔担纲。"

哈工大的底蕴与活力、哈工大人所创造的历史在今日校园的印记,也通过一封封录取通知书,传递到祖国各地。

在写作这本书的过程中,我不止一次发现,哈工大的历史,正是百年中华高等教育史,或者说是百年中华民族复兴史在一个横截面上的投影。而"八百壮士"的身影及其在百年岁月中留下的漫长回响,又构成了哈工大校

---

① 《马克思恩格斯全集》第三卷,人民出版社 2002 年版,第 520 页。

史中不可或缺的一部分。

我还记得第一次接触到《初心的力量：哈工大"八百壮士"事迹选编》电子版时的心情——我本来想先在电脑上略扫一眼，然后等纸质版书寄到后再细细瞻阅，然而只翻阅一两篇，我就已经陷入深深的感动和不知所以的激情澎湃当中。尤其是老一辈"八百壮士"如今大多已作古，这穿越生命、穿越精神长河之后抵达我内心的哈工大百年岁月，更让我心中的情感不断累积增长。

然而，想要把这种澎湃的情感付诸笔端，却并非易事，唯恐挂一漏万、举一废百。目前呈现在大家面前的，就是这样一本诚惶诚恐的作品。

在我搜集资料和采访调研过程中，深深感动我的，除了一位位硕望宿德的学术巨匠，还有很多看似不起眼的幕后英雄，其中一位被叫作"不上讲台的园丁"。

工人出身的于梦起，1955年开始到哈工大食堂工作，1994年退休。在食堂这样一个看似普通的工作平台，他却做到了四十年如一日吃苦耐劳，干出了"花样"，干出了精彩——在1984年、1985年、1986年这三年，他先后被评为航天部、黑龙江省、全国教育系统劳动模范和全国高校伙食先进个人。

正如李昌所说："哈工大不仅要有优秀教师，还要有他（于梦起）这样的后勤人员。"为了让进餐者吃得满意，于梦起每天披星戴月提前上班，工作十几个小时，他需要额外付出每年多达六十多个工作日的辛勤劳动。在他的带领下，食堂不断提高伙食质量，增加菜色品种，主副食均由两到三样增加到十二样以上，而且每天做到有一两个地方菜，照顾到各地不同饮食习惯的师生。有学生曾在校报上夸赞：今日食堂有改变，饭菜可口又香甜，顿顿都有几个菜，花样多来又新鲜。

当被问起是什么原因促使他这样做时，1961年4月27日入党的于梦起骄傲而又腼腆地笑了。

尾声
历史的自觉

"我是一名共产党员，自己是农村出来的，对党充满了感激。虽然不是工作在教学岗位上，但培养人不仅是教师的责任。作为伙食人，我也有自己的一份责任，要为国家培养人才啊！"

由此，我又想到读过的另一个关于饮食的难忘故事。哈工大校友李长春同志曾在《母校九十华诞感怀》一文中回忆道："在（三年困难时期）粮食不够吃的情况下，为了使学生尽量吃好，我们电机系食堂就发明了一种'电糕'，把玉米面发酵之后再通电，使面团的体积更加膨胀和松软，吃起来十分可口。"

不知为何，这几句质朴而情真意切的话语，竟叫我一瞬间似被一股巨大的情感洪流击中一般热泪盈眶，久久难以平复。

那时我还在新冠"初阳"的病困中喘息着。然而就在读到《初心的力量：哈工大"八百壮士"事迹选编》的那时起，整整一夜，我沉浸在一篇又一篇闪烁着真理光芒的故事中，最终导致"火山的喷发"，决定动笔开启这个大工程——因为我强烈地感受到，正是因为有一代又一代的哈工大人殚精竭虑地建设发展哈工大，有一位又一位的哈工大人怀抱爱国之心与报国之才投身于哈工大的建设事业中，哈工大才成其为今日之哈工大。

肖复兴曾说："没有哪一个时代的文学，比那时更敏感地感知并激情地介入现实的生活中，从而构成了严峻而激荡的历史不可或缺的一部分。"因此，我选择用纪实文学的方式来记录百年哈工大史中的"八百壮士"精神，以此作为哈工大宏大历史背景中一个扣人心弦的注脚。

抵达过去和抵达未来同样不易。在哈工大这样的高峰上跋涉的历程，艰辛有时，惴惴不安亦有时。然而，仰望科学的天空，我总能看到那历史星空中炽烈的、绝美的亮光，让我不惮以自己浅薄的知识与芜杂的文字，以期切中哈工大的时代脉搏中绷得最紧的那根弦。

弦音不辍，今已百余载。

所谓历史自觉，是指建立在对历史发展潮流的深刻认识基础上形成的强烈历史使命感和对自身的历史定位。

伴随着共和国前进的步伐一路走来的哈工大，从小到大、由弱到强，发展壮大的根本逻辑是"在党的领导下"，这是哈工大在历史坐标中给予自身的清晰定位。历史接力一棒接着一棒，党和国家事业一程接着一程，哈工大之所以成为今日之哈工大，其澎湃的生命力源自党和国家事业发展的需要，源自中国式现代化建设的需要。历史的演进、时间的流动，也让哈工大的发展历程展现出更加清晰的魂脉。

百年风雨兼程，百年砥砺前行，"八百壮士"的含义正在被不断继承着、充实着，对于哈工大博物馆里一张张散发着信仰光芒的照片来说，它是完成时；对于校园里一张张刻印着未来希望的面孔来说，它是进行时。

"八百壮士"——很多重大的事件被巧妙而郑重地安排在这四个字里面，使我们站在如今的历史刻度上回望时，仍能从中窥得一部前后相继的鲜明的传承谱系——牢记党的嘱托，听从党的召唤，扎根东北、爱国奉献、艰苦创业，绵延不绝的精神纽带，连接起哈工大的昨天与今天。

究竟什么是历史？

若我来总结，一切的一切，都在生长；一切的一切，都在回响。

真正属于历史的，也属于未来。哈工大百余年间，"八百壮士"的精神传承，是一个时代的注脚，是一种价值的符号，更是一所高校的历史自觉。

主要参考文献

马洪舒主编：《哈尔滨工业大学校史（1920~2000）》，哈尔滨工业大学出版社2000年版。

马洪舒：《风雨哈工大》，哈尔滨工业大学出版社2005年版。

刘贵贤：《走进哈工大》，昆仑出版社2000年版。

中国教育报刊社组编，哈尔滨工业大学撰稿：《哈尔滨工业大学（漫游中国大学丛书）》，重庆大学出版社2008年版。

徐晓飞、韩纪庆、马洪舒等编著：《辉煌的计算岁月：哈尔滨工业大学计算机专业发展史》，哈尔滨工业大学出版社2007年版。

哈尔滨工业大学党委宣传部／教师工作部编：《初心的力量：哈工大"八百壮士"事迹选编》，哈尔滨工业大学出版社2019年版。

崔国兰主编：《八百壮士（第一卷·马祖光卷）》，哈尔滨工业大学出版社2006年版。

王福平主编：《八百壮士（第二卷·雷廷权卷）》，哈尔滨工业大学出版社2010年版。

王福平主编：《八百壮士（第三卷·一代师表卷）》，哈尔滨工业大学出版社2011年版。

姜波主编：《精神的力量》，哈尔滨工业大学出版社2010年版。

周素珍主编：《报春晖——校友的回忆与畅想》，哈尔滨工业大学出版社2000年版。

周定、和振远主编：《栉风沐雨铸辉煌：庆祝哈尔滨工业大学建校90周年纪念文集》（内部资料）。

哈工大北京校友会电气分会编：《电气之光》，哈尔滨工业大学出版社2020年版。

周士元：《踏遍青山不觉累：李昌传》，哈尔滨工业大学出版社2009年版。

田兆运：《俞大光传（中国工程院院士传记系列丛书）》，航空工业出版社、人民出版社2015年版。

张雅文：《为你而生：刘永坦传》，黑龙江人民出版社2021年版。

吉星、何苾菲：《秦裕琨传：一生强国梦（中国工程院院士传记系列丛书）》，哈尔滨工业大学出版社、人民出版社2022年版。

吉星、刘忠奎、何苾菲：《沈世钊传：现代空间结构的开拓者（中国工程院院士传记系列丛书）》，哈尔滨工业大学出版社、人民出版社2023年版。

陶丹梅、崔福义、梁恒编著：《净水人生——李圭白传》，中国建筑工业出版社2020年版。

黄铁城：《一个幸存者的自述》，陕西人民教育出版社1999年版。

脑极体：《AI已来：让中国走向世界的王海峰》，哈尔滨工业大学出版社2020年版。

王士舫、董自励编著：《科学技术发展简史（第四版）》，北京大学出版社2015年版。

叶永烈编著：《科学家故事100个》，少年儿童出版社1982年版。

金涌编著：《科技创新启示录：创新与发明大师轶事》，清华大学出版社2020年版。

吴军：《全球科技通史》，中信出版集团2019年版。

魏凤文、武轶：《科学史上的365天》，清华大学出版社2018年版。

岳南：《南渡北归：南渡（增订本）》，湖南文艺出版社2015年版。

杨潇：《重走：在公路、河流和驿道上寻找西南联大》，上海文艺出版社2021年版。

张曼菱：《西南联大行思录（增订版）》，生活·读书·新知三联书店2019年版。

李光荣：《西南联大艺术历程》，中华书局2022年版。

许渊冲：《西南联大求学日记》，中译出版社2021年版。

颜浩：《北京的舆论环境与文人团体：1920—1928》，北京大学出版社2008年版。

［英］大卫·奈特：《现代科学简史：从蒸汽机到鹬鹛求偶》，叶绿青、叶艾莘、陈洁译，电子工业出版社2018年版。

［美］艾伦·莱特曼：《偶然的宇宙》，吴峰峰译，文汇出版社2023年版。

后 记

回归我们生命中的母题

"所有的日子,所有的日子都来吧,让我编织你们,用青春的金线,和幸福的璎珞,编织你们。"这是王蒙的小说《青春万岁》中的诗。动笔写这部作品时,是1953年,王蒙19岁,尔后一举成名。

王蒙说,我们20世纪30年代出生的这一代中国青少年,赶上了从旧中国到新中国的历史节点,赶上了割地赔款、丧权辱国、"东亚病夫"、摇摇欲坠的中国变成生气勃勃、团结一心、旭日东升、战无不胜的人民共和国的历史转折。我们这一代青少年,有幸参与这伟大的历史过程,体验这一切的宏伟与激情,为中国的与世界的历史新变作证,记录和描绘不同时代的人们未必能得到的火热青春。

1953年,也是哈工大的青葱岁月。这一年,中国第一个"五年计划"刚刚开始,哈工大也迎来了老校长李昌。随后,"八百壮士"从全国各地奔赴而来,准备完成他们那一代人的使命与理想。

在那一代哈工大人的回忆文章中,那种心与心相契合的电流仿佛伸手就可以从指尖触及。沉淀在他们心里的,是在那个属于他们的"黄金时代"里,无数的梦也似的青春初绽的美好。这如梦的青春呼啸而过,在天地之间织成条条阡陌，让我在这阡陌中畅游。数不清的星辰从我的头顶飞过，然后列队驶入我的记忆中，我的记忆便随着星轨的弧线渐次生长出一层层敏感而细腻的皮肤。这些星辰不时往来穿梭，在我的记忆中刮起一阵阵风，随风低语着星辰上一个个闪光的故事。每一个故事里仿佛都藏着一颗种子，在记忆的皮肤上种下一座小山丘。

直到这部作品草就，那些山丘终于完成了使命，如大漠中的驼峰般储存下我对哈工大这座几代人精神居所的无尽思考，就此默默地安营扎寨，嵌入我的生命。

从1953年到2023年，哈工大又历整整70年。如今，远望2023年转身离去，我冀望着有一个"母题"在此时出现，去超越时间和空间的阻隔，让这两个年份之间，甚至更久远时空中的灵魂得以挥手相迎，也冀望着能让更多人去洞见，在时间和空间之外，在我笔下冗长的文字之外，一定有什么永远年轻青春着的事物可以称之为"不朽"——如同总有花儿在原野中生长，总有阳光从缝隙中洒落。

然而，我终究没有确信无疑地把我冀望中的"母题"严丝合缝地扣入我的"文本"中。是生命吗？又或者是死亡？是得到，又或者是失去？是循序，又或者是错置？在我艰难跋涉的过程中，我分明意识到那久远的第一个"黄金时代"、久远的老一辈"八百壮士"已经是很"古典"的事情，却又放任那个时代、那群人的声音紧紧地、反复地在我的脑海中萦绕，仿佛他们在上一瞬间才从我眼前挥手告别，还未走远。

1938年初，西南联大的前身国立长沙临时大学内迁昆明，师生分三批转移，其中有一批名为"湘黔滇旅行团"，由几位教师带领近三百名学生从长沙出发，步行三千多里，历时68天抵达昆明，完成了举世闻名的书生长征，而闻一多正是其中一位教师。

有人不解他为何要参加一路颠簸凶险的旅行团，闻一多严肃地说道："国难期间，走几千里路算不了受罪，再者我在15岁以前，受着古老家庭的束缚，以后在清华读书，出国留学，回国后一直在各大城市教书，过的是假洋鬼子的生活，和广大的农村隔绝了。虽然是一个中国人，而对于中国社会及人民生活，知道得很少，真是醉生梦死呀！"[1]

我来到哈尔滨、走进哈工大亦是在向这一段往事致敬。因为生命中的因缘际会，我在哈尔滨工作了两年有余，并在这里度过了我具有纪念意义的35岁。一脚踏上这片丰沃的黑土地，我有幸认识祖国的大东北，在北国冰城哈尔滨，更有幸遇见今日哈工大的一群人，开始了一段艰苦却情感丰沛的旅途。

上这旅途吧。且让这旅途结下的一些花果，成为为这一段伟大的校史作注的浅显易懂的故事集。

本书的内容来源于我的多次实地采访和哈工大提供的大量资料。我在写作过程中由衷地感佩哈工大为编撰校史、延续魂脉付出的艰辛而卓越的努力，并由衷地祈望这项工作能继续推进下去。本书引用了一些史料与文件的原文和一些哈工大老领导、老校友回忆文章。在尊重原文的基础上，我对不影响原文表述意思的个别字词和标点符号按照惯用表达进行了修改。

我想在这里感谢我的母亲，她为我做了大量枯燥无味的基础性材料整理工作。特别是她从老家地下室积灰的杂物堆里奇迹般地翻出了放置多年的由叶永烈老师编著的《科学家故事100个》，对本书文本所追求的定位——严谨、求实、浅显、科普、耐读、感情丰沛、关照作为个体的人——起到了至关重要的作用。而叶老师那本饱经沧桑的旧书仿佛也成了一段历史的回响，因为我小时候对很多科学家的了解就是自它而始。书的封面缺了一角，页脚卷了起来，定价只有0.75元，上面还留着我读小学时的胡写乱画。

从2016年我的第一本书出版算起，我在写作一行出道已有八年。八年时间里，每每在本职工作繁忙、思绪凝滞之时，我便生出不再写作之意。然而当当下这段我与哈工大的故事迎来终局时，我又发现这样一个人生奇妙定

---

[1] 闻黎明：《闻一多传（增订本）》，人民出版社2016年版，第262页。

律：每当我想彻底放下手中的笔，不再与自己笔下并不高明的文字继续纠缠之时，总有新的一闪而过的光点，灼烧着击中我生命中的"母题"，让我感悟到我的本体的存在，继而驱动近乎原始欲望的本能，以手中俗笔，写下肺腑之言。

我想，我还是愿意朝着这条路一直走下去。

此刻是2月17日凌晨，我手边有几摞小山似的书，有半杯放凉了的茶水，我的舌伴随着我思绪的左冲右突轻舔着干裂了的唇。偶有汽车划破空气的声音，很快周遭复归宁静。窗外还留得两盏灯光，左上浅白，右下橙黄，不知是哪个无眠的人，伴着我共同守望头顶一轮新出生的月。

2024年1月1日凌晨初稿完稿
2024年2月17日凌晨二稿完稿于北京家中